Reihe *Lehrbücher*

Band 1

Fach *Biblisches Hebräisch*

Übungsbuch

Mit herzlichem Gruß

[illegible]

Wolfgang Schneider

Debarim

Übungsbuch für den Unterricht in Biblischem Hebräisch

neu bearbeitet von Peter Mommer

Westdeutscher Universitätsverlag
West German University Press
Presses Universitaires d'Allemagne de l'Ouest

Bochum 2014

Bibliografische Information der Deutschen Nationalbibliothek: Die Deutsche Nationalbibliothek verzeichnet diese Publikation in der Deutschen Nationalbibliografie; detaillierte bibliografische Daten sind im Internet über http://dnb.d-nb.de abrufbar.

Schneider , Wolfgang :
Debarim. Übungsbuch für den Unterricht in Biblischem Hebräisch. Neu bearbeitet von Peter Mommer . Bochum: Westdeutscher Univ.-Verl., 2014 ISBN 978-3-89966-753-0.

EAN

Bestellungen: Westdeutscher Universitätsverlag, Querenburger Höhe 281, 44801 Bochum, westdeutscher@universitaetsverlag.com, Tel. (0234) 701360, Fax 701230.

Bibliographic information published by the Deutsche Nationalbibliothek: The Deutsche Nationalbibliothek lists this publication in the Deutsche Nationalbibliografie; detailed bibliographic data are available in the Internet at http://dnb.dnb.de.
This publication is shipped internationally. Available from: Ruhr University Bochum, P.O. Box West German University Press (Bochum), Universitaetsstr. 150, 44801 Bochum, Germany, verlag@rub.de, http:// universitaetsverlag.com, phone +49 (234) 32-11993, fax +49 (234) 32-14993.

WEST-
DEUTSCHER
UNIVERSITÄTS-
VERLAG

Vorwort

Wolfgang Schneiders Übungsbuch für den Hebräisch-Unterricht liegt hier in einer Neubearbeitung vor. Als Schneiders Arbeitsbuch 1976 zum ersten Mal erschien, löste es eine intensive Diskussion unter den Fachleuten aus, die u.a. auf den von Schneider mit initiierten Tagungen der IÖHK (heute IÖKH - Internationale Ökumenische Konferenz der Hebräisch-Lehrenden) leidenschaftlich und kontrovers geführt wurde. Anders als die bisherigen Unterrichtswerke stellte Schneider den Satz in das Zentrum der Beobachtung; außerdem stellte er, selbst von der Germanistik herkommend, das Hebräische in einen moderneren sprachwissenschaftlichen Kontext. Er hat damit die Arbeit am Hebräischen ein gutes Stück weit aus einer allzu engen lateinischen Umklammerung gelöst.

Beides halte ich in Bezug auf das Verstehen der hebräischen Texte der Bibel für angemessen und beides hat sich mit Blick auf eine langjährigen Unterrichtspraxis bewährt; es wird darum in der Neubearbeitung beibehalten. Allerdings zeigte Schneiders Konzept auch Schwächen, wie sie u.a. von vielen Studierenden über die Jahre hinweg wahrgenommen wurden. Denn in diesem Konzept rückten grammatische Beobachtungen und Strukturen in den Hintergrund und wurden bestenfalls aus den Texten heraus destilliert. Mit bedingt durch die masoretische Überarbeitung zeigt aber gerade die hebräische Grammatik im Kontext anderer semitischer Sprachen ein sehr klares System, das relativ leicht zu überblicken ist und dessen Kenntnis die Arbeit an den Texten deutlich erleichtert. Außerdem wird der von Schneider bevorzugte intuitive Zugang zu den Texten im Ergebnis so abgesichert bzw. wo nötig korrigiert.

Diese Einsicht führt zu zwei Konsequenzen. Einmal wird im vorliegenden Übungsbuch die Beobachtung und Einübung der grammatischen Formen ein stärkeres Gewicht bekommen. Zum anderen wird auf eine Neubearbeitung der Grammatik Schneiders verzichtet. Denn eine solche Bearbeitung hätte aus meiner Sicht dazu geführt, dass ein deutlich anderes und damit neues Buch entstanden wäre - und neuere hebräische Grammatiken gibt es inzwischen genug. Deshalb wird nach längerer Überlegung und in Absprache mit dem Kollegen Alexander Ernst aus Wuppertal dessen "Kurze Grammatik des biblischen Hebräisch" als Referenzgrammatik herangezogen.

An der Neubearbeitung von "Debarim" waren viele Menschen in unterschiedlicher Weise beteiligt. Herzlich Dank sagen möchte ich an dieser Stelle zuerst den Erben Wolfgang Schneiders, namentlich Herrn Harald Schneider, die die Rechte an "Debarim" bereitwillig abgegeben haben.

Der Westdeutsche Universitätsverlag, insbesondere Frau Song und Herr Prof. Woesler, war sofort bereit, das Projekt verlegerisch zu betreuen. Durch die Bereitstellung von Personalmitteln hat die Ev.-Theol. Fakultät der RUB die Erstellung des Buches tatkräftig unterstützt. Die Korrekturen des Manuskripts haben Carmen Jäger, mein Wuppertaler

Kollege Alexander Ernst sowie Prof. i.R. Winfried Thiel mit großer Genauigkeit übernommen - ihnen allen sei dafür herzlich gedankt.

Besonders erwähnen aber möchte ich an dieser Stelle meine wissenschaftliche Hilfskraft Frau Ronja Koch. Sie hat mit großem Engagement und ebenso großer Akribie das Manuskript für dieses Buch neu erstellt und eigene Ideen mit eingebracht. Ohne ihre Hilfe wäre es kaum in dieser Weise zustande gekommen. Dafür danke ich ihr herzlich.

Bochum, August 2014 Peter Mommer

Inhaltsverzeichnis

Beiheft

Zur Arbeit mit diesem Buch

Die einzelnen Lektionen sind so aufgebaut, dass Sie in einem ersten Schritt den neuen grammatischen Stoff auch selbständig erarbeiten können. Die weiteren Übungen dienen der Vertiefung und teilweise der Wiederholung.

Die mit einem "*" gekennzeichneten Aufgaben am Schluss können Sie behandeln, müssen es aber nicht - sie dienen vor allem der selbständigen, zusätzlichen Übung.

Die biblischen Texte werden in der Regel nach der „Biblia Hebraica Stuttgartensia“ (BHS) zitiert. Geringfügige Abweichungen sind möglich. Werden die biblischen Texte im Verszusammenhang zitiert, sind die Verse in runden Klammern angegeben. Wenn in einer Übung Verse aus unterschiedlichen Zusammenhängen zitiert sind, werden sie zum Zwecke der Nummerierung in eckigen Klammern gezählt.

Obwohl die biblischen Texte ursprünglich nicht punktiert waren, gehört das Lesen unpunktierter Texte nicht zu den Lernzielen eines Kurses in biblischem Hebräisch. Die Texte (gelegentlich) unpunktiert zu lesen hilft aber, sich in diese Texte tiefer hinein zu arbeiten und fördert die Lesekompetenz. Außerdem ist es eine gute Hinführung zum Neuhebräischen.

Die Grammatikverweise beziehen sich auf die "Kurze Grammatik des Biblischen Hebräisch" (KGr) von Alexander B. Ernst (inzwischen in verschiedenen Auflagen vorliegend).

Die in diesem Übungsbuch (und dem Beiheft) abgedruckten kurzen grammatischen Hinweise in Tabellenform dienen einem ersten Überblick und sollen helfen, elementare Beobachtungen festzuhalten. Sie ersetzen nicht das Studium der Grammatik.

Als ersten Einstieg in die Welt der Lexika empfehle ich das "Kompaktwörterbuch Althebräisch" von Frank Matheus (ebenfalls mehrere Auflagen). Es bietet einen schnellen Zugriff auf die Lexeme bei gleichzeitiger Bereitstellung einer sinnvollen Formenanalyse. Zu Lexika insgesamt vgl. auch Lektion 6.

0 Vorkurs:

Lesen und Schreiben

Nach diesem Vorkurs werden Sie die Grundfertigkeiten im Lesen und Schreiben der hebräischen Schrift erworben haben. Das bedeutet im Einzelnen, Sie werden

- das Konsonanten-Alphabet in der richtigen Reihenfolge hersagen und schreiben können
- bekannte hebräische Wörter schon in der unpunktierten Schreibweise buchstabieren und lesen können
- das tiberische Vokalisationssystem kennen und dadurch auch unbekannte Wörter richtig aussprechen können
- den Text Gen 1,1-5 nach Vorsprechen richtig lesen können

0.1 Alef-Bet

Schreiben Sie die einzelnen Buchstaben, sprechen Sie dabei die Namen aus, lernen Sie die Reihe auswendig, schreiben Sie sie auswendig auf.

א ב ג ד ה ו ז ח ט י כ/ך ל מ/ם נ/ן ס ע

פ/ף צ/ץ ק ר שׂ שׁ ת

0.1.1 ähnliche Zeichen

Üben Sie ähnliche Zeichen nebeneinander.

ה ח ת - ר ד - ב כ פ - ס ם - ד ך ן ו ז - נ ג

ע ץ צ - ט מ

0.2 Konsonantenschrift ohne Vokalbuchstaben (defektiv)

0.2.1 Biblische Namen

Buchstabieren und identifizieren Sie die Namen. Schreiben Sie sie auch ab. Dabei kann Ihnen die Liste biblischer Namen im Vokabelverzeichnis (L0) helfen.

אדם אסתר בלעם בנימן דוד דנאל הגר מרים נבכדנצר נתן

נתנאל ארם אררט גלעד כרמל סדם עדן אסף יסף יפת למך

תל־אבב אפרים אשדד בת־שׁבע חם ישׂראל רחל

0.2.2 Fremdwörter im modernen Hebräisch (Ivrit)

בנק בר בס גנרל דקל טבק טנק מגנת מטר סלט פנתר פרק
פרקט צמנט צנטנר קברט קנצלר שח שק שמלץ

0.3 Konsonantenschrift mit Vokalbuchstaben (plene)

0.3.1 Biblische Namen

Lesen Sie Waw als u oder o.

אדום אור ברוך גדעון יואל יונתן יוסף ירחו ירושלם לוט
עמוס רות שמואל

Lesen Sie Jod als e oder i.

אליעזר בית־אל מיכאל עלי תל־אביב

Lesen sie Alef und He im Auslaut als langen Vokal.

זכריה לאה עזרא צפניה שרה שלמה

0.3.2 Fremdwörter im modernen Hebräisch (Ivrit)

קפה תה קקאו אלכוהול רום קוניק ניקוטין פיקניק מקרוני
שניצל שוקולדה מרציפן טניס שפורט פינג־פונג קונצרט פילם
הומור קיטש גורילה שימפנזה פינגוין קנגורו יגואר גולף
פולקסוגן וולוו מרלבורו קונסול בישוף דוקטור פרופסור
רקטור אידיאל אידיוט דיפלומט טרמוסטט דמוקרט טרוריסט
סוציאליסט פסימיסט ריאליסט נודיסט

0.4 Schrift mit Vokalisation

0.4.1 Biblische Namen - defektiv

Das Zeichen < zeigt die Betonungsstelle an, wenn ausnahmsweise nicht die letzte Silbe betont ist. Es steht nicht in den biblischen Originaltexten und wird in diesem Buch entsprechend dem Lernfortschritt weggelassen.

אָדָם אֶסְתֵּר בִּלְעָם בִּנְיָמִן דָּוִד דָּנִאֵל הָגָר מִרְיָם נָתָן נְתַנְאֵל
אֲרָרָט כַּרְמֶל סְדֹם עֵ֫דֶן אָסָף יֶ֫פֶת יֹסֵף לֶ֫מֶךְ תֵּל־אָבִב

0.4.2 Weitere biblische Namen - plene

אֱלִיעֶ֫זֶר תֵּל־אָבִיב אוּר בָּרוּךְ זְכַרְיָה לֵאָה לוֹט רוּת שְׁמוּאֵל
אֱדוֹם גִּדְעוֹן בֵּית־אֵל מִיכָאֵל אָמוֹץ עֵלִי שָׂרָה שְׁלֹמֹה חֶרְמוֹן
יוֹנָתָן יוֹסֵף עֶזְרָא

0.4.3 Propheten

יְשַׁעְיָה יִרְמְיָה יְחֶזְקֵאל הוֹשֵׁעַ יוֹאֵל עָמוֹס עוֹבַדְיָה יוֹנָה מִיכָה
נַחוּם חֲבַקּוּק צְפַנְיָה חַגַּי זְכַרְיָה מַלְאָכִי

0.5.1 Schwa mobile

nach der A - 2 - D - L - Regel:

A: am **A**nfang: זְכַרְיָה דְּלִילָה לְבָנוֹן סְדֹם שְׁלֹמֹה

2: von zwei direkt nebeneinanderstehenden das **zweite**:
יִרְמְיָה אַשְׁקְלוֹן יְרַחְמְאֵל

D: bei einem Konsonanten mit **D**agesch: בְּאֵר־שֶׁ֫בַע כַּרְכְּמִישׁ דַּבְּרוּ מִפְּנֵי

L: nach einem **l**angen Vokal: נְוֵה אָסְפוּ כֹּתְבִים יִירְאוּ

0.5.2 Qames Chatuf

in unbetont geschlossener Silbe: יָכְנְיָ֫ה עָמְרִ֫י כָּל־יִשְׂרָאֵל

0.6 Ein Tanzlied

הָ֫בָה נָגִ֫ילָה וְנִשְׂמְחָה
הָ֫בָה נְרַנְּנָה וְנִשְׂמְחָה
ע֫וּרוּ אַחִים בְּלֵב שָׂמֵ֫חַ

0.7 Am Anfang: Gen 1,1-5

(1) בְּרֵאשִׁית בָּרָא אֱלֹהִים אֵת הַשָּׁמַ֫יִם וְאֵת
הָאָֽרֶץ׃

(2) וְהָאָרֶץ הָיְתָה תֹהוּ וָבֹהוּ וְחֹשֶׁךְ עַל־פְּנֵי
תְהוֹם וְרוּחַ אֱלֹהִים מְרַחֶפֶת עַל־פְּנֵי הַמָּֽיִם׃
(3) וַיֹּאמֶר אֱלֹהִים יְהִי אוֹר וַֽיְהִי־אוֹר׃
(4) וַיַּרְא אֱלֹהִים אֶת־הָאוֹר כִּי־טוֹב
וַיַּבְדֵּל אֱלֹהִים בֵּין הָאוֹר וּבֵין הַחֹשֶׁךְ׃
(5) וַיִּקְרָא אֱלֹהִים לָאוֹר יוֹם וְלַחֹשֶׁךְ קָרָא
לָֽיְלָה
וַֽיְהִי־עֶרֶב וַֽיְהִי־בֹקֶר יוֹם אֶחָֽד׃

הַמָּֽיִם : Dehnung unter starkem Ton „Pausa“

0.8 Übungen zum Text Gen 1,1-5

0.8.1 Lassen Sie sich den Text vorlesen und üben Sie, ihn (laut) richtig und fließend zu lesen. Lesen Sie ihn auch in der Biblia Hebraica.

0.8.2 Vergleichen Sie parallel zum Lesen eine bekannte Übersetzung (z.B. Lutherbibel).

0.8.3 Eine Anleitung zur grammatischen Analyse folgt in der nächsten Lektion. Sie können aber auch hier schon Einblicke in einige grammatische Phänomene gewinnen:

0.8.3.1 Suchen Sie die hebräischen Entsprechungen für deutsche Partikeln wie „am“, „und“, „der“. לָאוֹר : Präposition לְ mit Artikel vor Nomen אוֹר, לַחֹשֶׁךְ : dasselbe beim Nomen חֹשֶׁךְ.

0.8.3.2 Versuchen Sie, die hebräischen Wörter für „Gott“, „Himmel“, „Erde“, „Finsternis“, „Wasser“, „Licht“, „Tag“, „Nacht“, „Morgen“, „Abend“ zu identifizieren.

0.8.3.3 Finden Sie die Verbformen ab Vers 3 heraus: Welche Elemente sind Bildungszusätze, welche jeweils das eigentliche Verb?

0.8.4 Lernen Sie die Bedeutungen der wichtigsten Vokabeln (→ Vokabular 0).

Grammatik-Paragraphen:

Schriftzeichen für Konsonanten: 1 — Vokale, Punktation: 3 — Vokalbuchstaben: 2 — Schwa: 4 a-d — Dagesch: 4 g-i — Silbenbau: 4 j-p — Patach furtivum: 3 d

Lektion Eins

Wenn Sie diese Lektion bearbeitet haben, werden Sie

- Verbalsätze und Nominalsätze unterscheiden können
- die Verbformen des Narrativ an den formalen Merkmalen erkennen können
- Constructus-Verbindungen erkennen und übersetzen können
- den Text Gen 1,1-8 richtig und fließend lesen können
- die Probleme im Zusammenhang der Verwendung des Gottesnamens beschreiben können

---

1.1 Zur Einführung:

Grammatische Analyse von Gen 1,1-5

בְּרֵאשִׁית בָּרָא אֱלֹהִים אֵת הַשָּׁמַיִם וְאֵת הָאָרֶץ׃	(1)	Am Anfang hatte Gott den Himmel und die Erde geschaffen.
וְהָאָרֶץ הָיְתָה תֹהוּ וָבֹהוּ	(2)	Aber die Erde war wüst und leer,
וְחֹשֶׁךְ עַל־פְּנֵי תְהוֹם		und Finsternis (war) über der Tiefe,
וְרוּחַ אֱלֹהִים מְרַחֶפֶת עַל־פְּנֵי הַמָּיִם׃		und der Geist Gottes (war) etwas Schwebendes über dem Wasser.
וַיֹּאמֶר אֱלֹהִים	(3)	Da sprach Gott:
יְהִי אוֹר		Es werde Licht!
וַיְהִי־אוֹר׃		Und es wurde Licht.
וַיַּרְא אֱלֹהִים אֶת־הָאוֹר	(4)	Und Gott sah das Licht,
כִּי־טוֹב		ja, (es war) gut.
וַיַּבְדֵּל אֱלֹהִים בֵּין הָאוֹר וּבֵין הַחֹשֶׁךְ׃		Und Gott trennte zwischen dem Licht und der Finsternis.
וַיִּקְרָא אֱלֹהִים לָאוֹר יוֹם	(5)	Und Gott nannte das Licht Tag;
וְלַחֹשֶׁךְ קָרָא לָיְלָה		die Finsternis aber hatte er Nacht genannt.
וַיְהִי־עֶרֶב		Und es wurde Abend,
וַיְהִי־בֹקֶר		und es wurde Morgen;
יוֹם אֶחָד׃		ein Tag.

1.2 Aufgaben zu 1.1

1.2.1 Der Text 1.1 ist hier noch einmal nach Sätzen gegliedert abgedruckt. Beschreiben Sie den Satzbau in den ersten vier (Typ I) und in den übrigen Sätzen (Typ II). Welche Sätze in den Versen 3 - 5 lassen sich noch dem Typ I zuordnen?

1.2.2 Schreiben Sie eine Liste der Verbformen auf, die in den Sätzen vom Typ II an der Spitze stehen. Vergleichen Sie die Formen und identifizieren Sie die Elemente: Personzeichen, Tempuszeichen, eigentliches Verb.

1.2.3 Sätze, an deren Spitze kein finites Verb steht (Typ I), werden in diesem Buch als Nominalsätze (NS) bezeichnet, die vom Typ II als Verbalsätze (VS). Sätze, die ein finites Verb haben, das nicht am Satzanfang steht, werden als zusammengesetzte Nominalsätze (ZNS) oder invertierte Verbalsätze bezeichnet. Von der Funktion her stehen sie den NS näher.

Beschreiben Sie den Satzbau der NS in der dritten und vierten Zeile, vergleichen Sie damit den Bau des zweiten Satzes.

1.2.4 Vergleichen Sie die Nomengruppe רוּחַ אֱלֹהִים mit ihrer deutschen Übersetzung.

1.3 Einzelsätze

[1] וַיֹּאמֶר אָכִישׁ אֶל־הַפְּלִשְׁתִּים הֲלוֹא־זֶה דָוִד עֶבֶד שָׁאוּל מֶלֶךְ־יִשְׂרָאֵל (1 Sam 29,3) — Namen: Akisch, Philister, David, Saul, Israel

[2] וַיֹּאמֶר חִזְקִיָּהוּ אֶל־יְשַׁעְיָהוּ טוֹב דְּבַר־יְהוָה (Jes 39,8) — Namen: Hiskia, Jesaja

[3] וַיְהִי דְבַר־יְהוָה אֵלַי בַּבֹּקֶר לֵאמֹר (Ez 12,8) — אֵלַי = אֶל + Pronomen: „zu mir“; בַּבֹּקֶר → KGr § 13e

[4] כִּי־אֲנִי יְהוָה קָדוֹשׁ בְּיִשְׂרָאֵל׃ (Ez 39,7)
[כִּי־אֲנִי יְהוָה קְדוֹשׁ יִשְׂרָאֵל]

[5] יוֹם יְהוָה הוּא חֹשֶׁךְ וְלֹא אוֹר׃ (Am 5,18)

[6] מִי זֶה מֶלֶךְ הַכָּבוֹד ... יְהוָה צְבָאוֹת הוּא מֶלֶךְ הַכָּבוֹד׃ (Ps 24,8.10) — זֶה ist hier kein Adjektiv.

[7] כִּי אֵל גָּדוֹל יְהוָה וּמֶלֶךְ גָּדוֹל עַל־כָּל־אֱלֹהִים׃ (Ps 95,3)

[8] וַיֹּאמַר עֶבֶד אַבְרָהָם אָנֹכִי׃ (Gen 24,34)

[9] וַיֹּאמֶר הָעֶבֶד הוּא אֲדֹנִי (Gen 24,65) — אֲדֹנִי „mein Herr"

1.4 Übungen zu 1.3

1.4.1 Lassen Sie sich die Sätze vorlesen und üben Sie das Lesen. Achten Sie besonders auf die Lesung des Gottesnamens. → KGr § 6c

1.4.2 Bestimmen Sie Verbalsätze (VS), Nominalsätze (NS) und Zusammengesetzte Nominalsätze (ZNS).

1.4.3 Bestimmen Sie die Nomina, die miteinander eine Constructus-Verbindung bilden.

1.4.4 Beschreiben Sie den Satzbau in den beiden Varianten von 4: Woran ist die Constructus-Verbindung zu erkennen?

1.4.5 אֵל גָּדוֹל und מֶלֶךְ גָּדוֹל in 7 sind keine Constructus-Verbindungen. Was sonst? → KGr § 58c; 55e

1.4.6 Überlegen Sie bei den Sätzen 8 und 9, ob es nicht verschiedene Möglichkeiten gibt, die Satzglieder zu gruppieren. Schlagen Sie die Verse in der Biblia Hebraica nach und beobachten Sie, wie Akzente und Vokalzeichen die Zuordnung eindeutig machen. → KGr § 5

1.5 Der Zweite Schöpfungstag — Gen 1,6-8

(6) וַיֹּאמֶר אֱלֹהִים

יְהִי רָקִיעַ בְּתוֹךְ הַמָּיִם — zu יְהִי vgl. Gen 1,3

וִיהִי מַבְדִּיל בֵּין מַיִם לָמָיִם׃ — וִיהִי = וְ und יְהִי: „damit werde"

(7) וַיַּעַשׂ אֱלֹהִים אֶת־הָרָקִיעַ — הָרָקִיעַ: Artikel vor ר mit Qames (langem a)

וַיַּבְדֵּל בֵּין הַמַּיִם אֲשֶׁר מִתַּחַת לָרָקִיעַ — לָרָקִיעַ: Artikel und Präposition ל kombiniert

וּבֵין הַמַּיִם אֲשֶׁר מֵעַל לָרָקִיעַ

וַיְהִי־כֵן׃

(8) וַיִּקְרָא אֱלֹהִים לָרָקִיעַ שָׁמָיִם

וַיְהִי־עֶרֶב

וַיְהִי־בֹקֶר

יוֹם שֵׁנִי׃

Lassen Sie sich auch diesen Text vorlesen und üben Sie, ihn (laut) richtig und fließend zu lesen. Lesen Sie ihn auch in der Biblia Hebraica. Und übersetzen Sie ihn!
Eigentlich ist „Biblia Hebraica“ ein Plural, eine griech.- lat. Mischform: „die hebräischen Bücher“. Es hat sich aber eingebürgert, den Buchtitel als einen Singular zu gebrauchen.

Wiederholen Sie den Text 0.7/1.1. Wenn Sie gut mit dem Text vertraut sind, lesen Sie ihn auch in der unpunktierten Fassung (1.6). Vielleicht können Sie die Verse schon auswendig?!

1.6 Gen 1,1-5 unpunktiert

(1) בראשׁית ברא אלהים את השׁמים ואת
הארץ׃
(2) והארץ היתה תהו ובהו וחשך על־פני
תהום ורוח אלהים מרחפת על־פני המים׃
(3) ויאמר אלהים יהי אור ויהי אור׃
(4) וירא אלהים את־האור כי־טוב
ויבדל אלהים בין האור ובין החשך׃
(5) ויקרא אלהים לאור יום ולחשך קרא
לילה
ויהי־ערב ויהי־בקר יום אחד׃

Grammatik-Paragraphen:

Constructus-Verbindung: 56 a-c — Narrativ: 26 e-h — Verbal- und Nominalsätze: 52 a-k, 53 a-c, 54 a-d — Ketib und Qeré, bes. beim Gottesnamen: 6 (bes. 6c)

Das selbstständige Personalpronomen (KGr § 19 a)

Singular	3 m	הוּא		er
	3 f	הִיא	(הִוא)	sie
	2 m	אַתָּה	(אַתָּ)	du (m)
	2 f	אַתְּ	(אַתִּי)	du (f)
	1 c	אֲנִי / אָנֹכִי		ich
Plural	3 m	הֵם / הֵמָּה		sie (m)
	3 f	הֵנָּה		sie (f)
	2 m	אַתֶּם		ihr (m)
	2 f	אַתֵּן / אַתֵּנָה		ihr (f)
	1 c	אֲנַחְנוּ / נַחְנוּ		wir

Demonstrativpronomen (KGr § 18)

	Singular		Plural	
m	זֶה	„dieser"	אֵלֶּה	„diese"
f	זוֹת	„diese"		

Verwendung

attributiv	הַמָּקוֹם הַזֶּה	„dieser Ort"
	הַמָּקוֹם הַהוּא	„jener Ort"
prädikativ	זֶה הַמָּקוֹם	„dies ist der Ort"

Lektion Zwei

Wenn Sie diese Lektion bearbeitet haben, werden Sie

- Nomen nach Geschlecht und Status unterscheiden können
- Constructus-Verbindungen an Endungen und Determination erkennen und übersetzen können
- Nominalsätze mit Partizipien in ihrer Konstruktion erfassen und angemessen ins Deutsche übertragen können

---

2.1 Zur Einführung: aus Psalm 136

כִּי לְעוֹלָם חַסְדּוֹ׃	הוֹדוּ לַיהוָה כִּי־טוֹב	(1)	Dankt JHWH, ja, er ist gütig! Ja, ewig währt seine Huld.
כִּי לְעוֹלָם חַסְדּוֹ׃	הוֹדוּ לֵאלֹהֵי הָאֱלֹהִים	(2)	Dankt dem Gott der Götter, Ja, ewig währt seine Huld -
כִּי לְעוֹלָם חַסְדּוֹ׃	לְעֹשֵׂה נִפְלָאוֹת גְּדֹלוֹת לְבַדּוֹ	(4)	(dem,) der große Wunder getan allein - Ja, ewig währt seine Huld -
כִּי לְעוֹלָם חַסְדּוֹ׃	לְעֹשֵׂה הַשָּׁמַיִם בִּתְבוּנָה	(5)	der den Himmel gemacht mit Geschicklichkeit - Ja, ewig währt seine Huld -
כִּי לְעוֹלָם חַסְדּוֹ׃	לְרֹקַע הָאָרֶץ עַל־הַמָּיִם	(6)	der die Erde gefestigt über dem Wasser - Ja, ewig währt seine Huld -
כִּי לְעוֹלָם חַסְדּוֹ׃	לְעֹשֵׂה אוֹרִים גְּדֹלִים	(7)	der große Lichter gemacht hat - Ja, ewig währt seine Huld -
כִּי לְעוֹלָם חַסְדּוֹ׃	אֶת־הַשֶּׁמֶשׁ לְמֶמְשֶׁלֶת בַּיּוֹם	(8)	die Sonne zur Herrschaft am Tage - Ja, ewig währt seine Huld -
כִּי לְעוֹלָם חַסְדּוֹ׃	אֶת־הַיָּרֵחַ וְכוֹכָבִים לְמֶמְשְׁלוֹת בַּלָּיְלָה	(9)	den Mond und Sterne zu Herrschern in der Nacht - Ja, ewig währt seine Huld.
כִּי לְעוֹלָם חַסְדּוֹ׃	הוֹדוּ לְאֵל הַשָּׁמָיִם	(26)	Dankt dem Gott des Himmels! Ja, ewig währt seine Huld.

2.2 Aufgaben zur Einführung

2.2.1 Lesen

Lassen Sie sich den Text 2.1 vorlesen und üben Sie, ihn richtig und fließend zu lesen.

2.2.2 Endungen

2.2.2.1 Welche Nomina stehen im Plural? Welche Elemente sind Plural-Endungen? Welche Nomina stehen im status constructus? Wo erkennen Sie eine besondere Endung für den st c?

Beim Vergleich von V. 8 und V. 9 erkennen Sie in V. 8 eine Singular-Endung.

2.2.2.2 Vergleichen Sie Ihre Beobachtungen mit der Tabelle am Ende der Lektion; siehe dazu auch in der Grammatik → KGr § 12a-p

2.2.3 Artikel

Vergleichen Sie hebräischen und deutschen Artikelgebrauch

1. in Constructus-Verbindungen (Verse 2 und 26) → KGr § 12n-p
2. zusammen mit Präpositionen (Verse 8 und 9) → KGr § 13e; 14b-c

2.2.4 Syntax

Die Verse 4 bis 7 beginnen mit Partizipien von den Verben עשׂה „machen“ und רקע „befestigen“. Sie bilden mit den folgenden Nomina Constructus-Verbindungen.

Beschreiben Sie den Satzbau, indem Sie die hebräische Fügung im Deutschen imitieren („Täter großer Wunder“).

Beachten Sie, wie die Partizipien in dem die Verse 2-9 umfassenden Satz eingefügt sind und beschreiben Sie die Satzkonstruktion.

2.3 Einzelsätze

[1] Zu כָּל־ → Übung 0.6.2

עֹשֵׂה צְדָקוֹת יְהוָה וּמִשְׁפָּטִים
לְכָל־עֲשׁוּקִים׃ (Ps 103,6)

[2] שְׁמוֹ „sein Name“

יְהוָה נֹתֵן שֶׁמֶשׁ לְאוֹר יוֹמָם
חֻקֹּק יָרֵחַ וְכֹכָבִים לְאוֹר לָיְלָה
יְהוָה צְבָאוֹת שְׁמוֹ׃ (Jer 31,35)

[3] PN: Abschalom; בְּנֶךָ „dein Sohn“

וַיִּתֵּן יְהוָה אֶת־הַמְּלוּכָה בְּיַד אַבְשָׁלוֹם
בְּנֶךָ … כִּי אִישׁ דָּמִים אָתָּה׃ (2 Sam 16,8)

[4] כִּי כֵן מִצְוַת דָּוִיד אִישׁ־הָאֱלֹהִים (2 Chr 8,14)

[5] וּלְלָבָן שְׁתֵּי בָנוֹת שֵׁם הַגְּדֹלָה לֵאָה
וְשֵׁם הַקְּטַנָּה רָחֵל׃ (Gen 29,16)
שְׁתֵּי (zu lesen: „schtee")

[6] וַיְדַבֵּר שְׁמוּאֵל אֶל־הָעָם אֵת מִשְׁפַּט
הַמְּלוּכָה וַיִּכְתֹּב בַּסֵּפֶר (1 Sam 10,25)
PN: Samuel

[7] כִּי כָּל־אֱלֹהֵי הָעַמִּים אֱלִילִים
וַיהוָה שָׁמַיִם עָשָׂה׃ (Ps 96,5)
zu וַיהוָה → KGr §14e

[8] מִשְׁפְּטֵי יְהוָה אֱמֶת (Ps 19,10)

[9] וַיַּעַשׂ יְהוָה תְּשׁוּעָה גְדוֹלָה לְכָל־יִשְׂרָאֵל
(1 Sam 19,5)

[10] וַיִּכְתֹּב יְהוֹשֻׁעַ אֶת־הַדְּבָרִים הָאֵלֶּה בְּסֵפֶר
תּוֹרַת אֱלֹהִים וַיִּקַּח אֶבֶן גְּדוֹלָה וַיְקִימֶהָ שָּׁם
(Jos 24,26)
PN: Josua
וַיְקִימֶהָ „und stellte ihn auf"

[11] עֵינַיִם לָהֶם וְלֹא יִרְאוּ׃
אָזְנַיִם לָהֶם וְלֹא יִשְׁמָעוּ
רַגְלֵיהֶם וְלֹא יְהַלֵּכוּ (Ps 115, aus V 5-7)

2.4 Übungen zu 2.3

2.4.1 Lesen

Bemühen Sie sich jetzt selbständig bei jedem Satz um das richtige Lesen und üben Sie (laut!), bis Sie es fließend können.

2.4.2 Analysieren

Überlegen Sie bei allen unbekannten Wörtern, ob sie vielleicht eine Endung oder Vorsilbe haben. Versuchen Sie sich vorzustellen, wie das Wort ohne diese(s) Element(e) lautet und suchen Sie es erst dann im Vokabelverzeichnis auf.

Bestimmen Sie bei allen Nomina, ob sie im Singular, Plural oder Dual stehen, femininum oder maskulinum sind.

2.4.3 Nomengruppen

Beachten Sie in allen Constructus-Verbindungen die Determination des letzten Wortes. Setzen Sie in der Übersetzung den Artikel richtig.

Wie sind Nomina zu beurteilen, die zwar offensichtlich zusammengehören, aber ebenso offensichtlich keine Constructus-Verbindung bilden? (z.B. in 2.3.9 und 2.3.10; → KGr § 55k)

דְּבַר מֶ֫לֶךְ	ein Königswort
דְּבַר הַמֶּ֫לֶךְ	das Wort des Königs
מֶלֶךְ גָּדוֹל	ein großer König

2.4.4 Partizipien

Bestimmen Sie in 2.3.1 und 2.3.2 die Partizipien; beschreiben Sie den Satzbau; übersetzen Sie mit deutschen Verbalsätzen.

2.5 Aus der priesterlichen Schöpfungserzählung – Vierter Tag: Gen 1,14-15

(14) וַיֹּ֫אמֶר אֱלֹהִים

יְהִי מְאֹרֹת בִּרְקִיעַ הַשָּׁ֫מַיִם — יְהִי vgl. Gen 1,3

לְהַבְדִּיל בֵּין הַיּוֹם וּבֵין הַלָּ֑יְלָה — הַבְדִּיל „scheiden“ (inf)

וְהָיוּ לְאֹתֹת וּלְמוֹעֲדִים וּלְיָמִים וְשָׁנִים׃ — וְהָיוּ „und sie sollen werden“

(15) וְהָיוּ לִמְאוֹרֹת בִּרְקִיעַ הַשָּׁ֫מַיִם

לְהָאִיר עַל־הָאָ֑רֶץ וַיְהִי־כֵן׃ — הָאִיר „leuchten“ (inf)

2.6 Übungen zur Wortkunde

2.6.1 Sachgruppen

Bilden Sie zum Vokabellernen bzw. zur Wiederholung Sachgruppen. Stellen Sie z.B. alle Lernvokabeln zusammen, die mit der Natur oder der Schöpfung zu tun haben.

2.6.2 Zur Funktion der Präposition ל

Bestimmen Sie jeweils die Funktion der Präposition ל in den unten aufgeführten Beispielen. Versuchen Sie, alle Verwendungsweisen auf eine gemeinsame Grundfunktion zurückzuführen.

[1] הוֹדוּ לַיהוָה (2.1.1)

[2] יְהוָה נֹתֵן שֶׁ֫מֶשׁ לְאוֹר יוֹמָם (2.3.2)

[3] לְלָבָן שְׁתֵּי בָנוֹת (2.3.5)

[4] וַיִּקְרָא אֱלֹהִים לָאוֹר יוֹם (1.1.5)

[5] וְהָיוּ לִמְאוֹרֹת ... לְהָאִיר עַל־הָאָֽרֶץ (2.5.15)

[6] וַיַּ֫עַשׂ ... תְּשׁוּעָה גְדוֹלָה לְכָל־יִשְׂרָאֵל (2.3.9)

Grammatik-Paragraphen:

Nomen: 12 a-m — Determination: 12 n — Status: 12 p — Partizipien: 26 s

---

Nomen (KGr § 12 b)

		st abs	Endungen	st cs	Endungen
maskulin	sg	סוּס		סוּס	
	pl	סוּסִים	ִים	סוּסֵי	ֵי
	du	סוּסַ֫יִם	ַיִם	סוּסֵי	ֵי
feminin	sg	סוּסָה	ָה	סוּסַת	ַת
	pl	סוּסוֹת	וֹת	סוּסוֹת	וֹת
	du	סוּסָתַ֫יִם	ָתַיִם	סוּסְתֵי	ְתֵי

Lektion Drei

Wenn Sie diese Lektion bearbeitet haben, werden Sie

- von Nomen-Formen, in denen die ursprünglichen Vokale reduziert sind, auf die lexikalische Form zurückschließen können
- die verschiedenen Nomengruppen (Subjekt und Prädikat, Constructus-Verbindung, Nomen und Attribut) unterscheiden und richtig übersetzen können
- außer den Narrativ-Formen auch AK-Formen (Perfekt) und Partizipien des regelmäßigen Verbs erkennen können

---

3.1 Zur Einführung: Aus der priesterlichen Schöpfungserzählung: Gen 1,16-19

(16) וַיַּעַשׂ אֱלֹהִים אֶת־שְׁנֵי הַמְּאֹרֹת הַגְּדֹלִים
אֶת־הַמָּאוֹר הַגָּדֹל לְמֶמְשֶׁלֶת הַיּוֹם
וְאֶת־הַמָּאוֹר הַקָּטֹן לְמֶמְשֶׁלֶת הַלַּיְלָה
וְאֵת הַכּוֹכָבִים׃

(17) וַיִּתֵּן אֹתָם אֱלֹהִים בִּרְקִיעַ הַשָּׁמָיִם — אֹתָם : אֵת m. Suffix: „sie“
לְהָאִיר עַל־הָאָרֶץ׃ — הָאִיר „leuchten“ (inf)

(18) וְלִמְשֹׁל בַּיּוֹם וּבַלַּיְלָה — מְשֹׁל בְּ „herrschen über“ (inf)
וּלֲהַבְדִּיל בֵּין הָאוֹר וּבֵין הַחֹשֶׁךְ — הַבְדִּיל „scheiden“ (inf)
וַיַּרְא אֱלֹהִים כִּי־טוֹב׃

(19) וַיְהִי־עֶרֶב וַיְהִי־בֹקֶר יוֹם רְבִעִי׃

3.2 Aufgaben zur Einführung

3.2.1 Vergleichen Sie

קָטֹן	mit	קְטַנָּה	הַמָּאֹר	mit	הַמְּאֹרֹת
יָשָׁר	mit	יְשָׁרִים	הַגָּדֹל	mit	הַגְּדֹלִים
זָקֵן	mit	זְקֵנִים	דָּבָר	mit	דְּבָרִים

Welche Vokale stehen jeweils in der vorletzten Silbe, welche in der drittletzen?

3.2.2 Vergleichen Sie
die Constructus-Form mit der Absolutus-Form

die Constructus-Form		der Absolutus-Form
בִּרְקִ֫יעַ		בְּרָקִ֫יעַ

Welche Vokale stehen jeweils in der vorletzten Silbe?

nehmen Sie hinzu:

דְּבַר	mit	דָּבָר
מִשְׁפְּטֵי	mit	מִשְׁפָּטִים
דִּבְרֵי	mit	דְּבָרִים
זִקְנֵי	mit	זְקֵנִים

3.2.3 Beachten Sie die Formen:

לִמְאֹרֹת (2.5.15) – בִּרְקִ֫יעַ (3.1.17) – לִמְשֹׁל (3.1.18)

Wie verändern sich Präpositionen vor Schwa mobile?

3.2.4 Analysieren Sie also: לִבְנֵי - לִפְנֵי - בִּדְבָרִים - לִזְקֵנִים - בִּדְבַר

3.2.5 Formulieren Sie eine Regel über die Stellung der veränderlichen Vokale a und e (KGr § 9 a-h), indem Sie die folgenden Sätze ergänzen:

- Steht ein Wort im status absolutus, so sind die veränderlichen Vokale in der .... - letzten Silbe erhalten, aber in der .... - letzten Silbe reduziert.
- Steht ein Wort im status constructus, so sind die veränderlichen Vokale schon in der ....- letzten Silbe reduziert.

3.3 Einzelsätze

וּלְאַחְאָב שִׁבְעִים בָּנִים בְּשֹׁמְרוֹן
וַיִּכְתֹּב יֵהוּא סְפָרִים
וַיִּשְׁלַח שֹׁמְרוֹן אֶל־שָׂרֵי הָעִיר וְאֶל־הַזְּקֵנִים
וְאֶל־הָאֹמְנִים אֶת־בְּנֵי אַחְאָב (2 Kön 10,1)

[1] PN: Ahab, Jehu
ON: Schomeron (= Samaria)

וַיִּכְתֹּב מֹשֶׁה עַל־הַלֻּחֹת אֶת־דִּבְרֵי הַבְּרִית
עֲשֶׂ֫רֶת הַדְּבָרִֽים׃ (Ex 34,28)

[2] PN: Mose
zu עֲשֶׂ֫רֶת הַדְּבָרִים → KGr § 25a

בְּרוּכִים אַתֶּם לַיהוָה עֹשֵׂה שָׁמַ֫יִם וָאָֽרֶץ׃
הַשָּׁמַ֫יִם שָׁמַ֫יִם לַיהוָה וְהָאָ֫רֶץ נָתַן לִבְנֵי
אָדָֽם׃ (Ps 115,15f)

[3] zu לַיהוָה → KGr § 14e

וְאֵלֶּה יְמֵי שְׁנֵי־חַיֵּי אַבְרָהָם אֲשֶׁר־חָי מְאַת שָׁנָה וְשִׁבְעִים שָׁנָה וְחָמֵשׁ שָׁנִים׃ (Gen 25,7)	[4]	אֲשֶׁר חָי „die er lebte“ zu מְאַת שָׁנָה → KGr § 25a

3.4 Übungen zu 3.3

3.4.1 Schließen Sie von Nomen-Formen, die in der vorletzten oder drittletzten Silbe einen reduzierten Vokal haben, zurück auf die lexikalische Form, indem Sie a oder e einsetzen.

Schlagen Sie unbekannte Wörter erst dann im Vokabular nach.

Zu 3.3.1: שִׁבְעִים und סְפָרִים lassen sich so nicht analysieren (Näheres erst in Lektion 6).

3.4.2 Wie lauten die Constructus-Formen zu folgenden Absolutus-Formen?

בָּנוֹת - יְשָׁרָה - כּוֹכָבִים - דָּמִים - כָּבוֹד - מִשְׁפָּטִים

3.4.3 Und wie lauten umgekehrt die Absolutus-Formen zu den folgenden Constructus-Formen?

צִדְקַת - צִבְאוֹת - פְּנֵי - שְׁנַת

3.5 Einzelsätze

וְהָאֲנָשִׁים טוֹבִים לָנוּ מְאֹד (1 Sam 25,15)	[1]	לָנוּ : ל + Suffix 1pl „für/zu uns“
הֵמָּה הָלְכוּ עִם דָּוִד כִּי־גִבּוֹרֵי־חַיִל כֻּלָּם וַיִּהְיוּ שָׂרִים בַּצָּבָא׃ (1 Chr 12,22)	[2]	הָלְכוּ [הלך] „(sie) waren gegangen“ כֻּלָּם : כֹּל + Suffix 3pl „sie alle“; וַיִּהְיוּ : pl zu וַיְהִי
וַיִּשְׁמַע דָּוִד וַיִּשְׁלַח אֶת־יוֹאָב וְאֵת כָּל־הַצָּבָא הַגִּבּוֹרִים׃ (2 Sam 10,7)	[3]	PN: Joab
מִי יוּכַל לַעֲמֹד לִפְנֵי יְהוָה הָאֱלֹהִים הַקָּדוֹשׁ הַזֶּה (1 Sam 6,20)	[4]	מִי יוּכַל לַעֲמֹד „wer kann bestehen?“ zu הָ vor אֱלֹהִים → KGr§ 13c
וַיֹּאמֶר יְהוֹשֻׁעַ אֶל־הָעָם לֹא תוּכְלוּ לַעֲבֹד אֶת־יְהוָה כִּי־אֱלֹהִים קְדוֹשִׁים הוּא (Jos 24,19)	[5]	לֹא תוּכְלוּ לַעֲבֹד „ihr könnt nicht dienen“

3.6 Übungen zu 3.5

3.6.1 Analysieren Sie auch hier sorgfältig Formen von Nomina mit veränderlichen Vokalen wie in 3.3.

3.6.2 Im Vordergrund des Interesses steht aber die Unterscheidung der verschiedenen Nominalgruppen: Subjekt - Prädikat, Constructus - Absolutus, Nomen mit Attribut. Beachten Sie: Endungen, Determination, reduzierte Vokale.

Nominalgruppen

1. Subjekt - Prädikat	
טוֹב הַדָּבָר	das Wort ist gut
2. Constructus-Verbindung	
דְּבַר מֶ֫לֶךְ	ein Königswort
דְּבַר הַמֶּ֫לֶךְ	das Wort des Königs
3. Nomen – Attribut (Apposition)	
דָּבָר גָּדוֹל	ein großes Wort
אֶ֫רֶץ טוֹבָה	ein gutes Land
הָאָ֫רֶץ הַטּוֹבָה	das gute Land

3.6.3 Kontrollieren Sie Ihr Verständnis, indem Sie jeweils nachprüfen, warum eine andere Möglichkeit ausgeschlossen ist. Vergleichen Sie dazu → KGr § 58

3.6.4 Im Übrigen gilt hier wie überall:
Wenn Quatsch rauskommt, war was falsch!

*3.7 Weitere Übungssätze

[1] וַיַּרְא יִשְׂרָאֵל אֶת־בְּנֵי יוֹסֵף וַיֹּ֫אמֶר מִי־אֵלֶּה׃ (Gen 48,8)

[2] וַיֹּ֫אמֶר מֹשֶׁה אֶל־יְהוָה בִּי אֲדֹנָי לֹא אִישׁ דְּבָרִים אָנֹ֫כִי (Ex 4,10)

PN: Mose
בִּי „ach“

[3] וַיִּזְבַּח אֲדֹנִיָּ֫הוּ צֹאן וּבָקָר ... וַיִּקְרָא אֶת־כָּל־אֶחָיו בְּנֵי הַמֶּ֫לֶךְ וְאֶת־כָּל־אַנְשֵׁי יְהוּדָה עַבְדֵי הַמֶּ֫לֶךְ׃ (1 Kön 1,9)

Namen: Adonija, Juda
אֶחָיו „seine Brüder“

3.8 Übungen zur Wortkunde - Verben

3.8.1 Stellen Sie aus dem Vokabular einige besonders häufige, bisher gelernte Verben zusammen, und tragen Sie sie in eine Liste ein nach folgendem Muster:

Perfekt	Partizip	Narrativ	Bedeutung
נָתַן	נֹתֵן	וַיִּתֵּן	geben

3.8.2 Tragen Sie von den Verben, die „schreiben", „sagen", „rufen", „schicken", „hören", „tun" und „nehmen" bedeuten, die entsprechenden Formen ein.

3.8.3 Prägen Sie sich die Merkmale der Afformativkonjugation (AK) und der Partizipien im Grundstamm ein. → KGr § 29a-f; 32

Grammatik-Paragraphen:

veränderliche Vokale: 9 a-i; 20 g — Verben, allgemein: 26 a-c — Determination: 12 n — Partizip: 32 — Afformativkonjugation: 29 a-f

---

<table>
<tr><th colspan="5">AK und Partizip im Grundstamm (Qal)</th></tr>
<tr><td></td><td>Singular</td><td>Afformative</td><td>Plural</td><td>Afformative</td></tr>
<tr><td>3m</td><td>קָטַל</td><td></td><td rowspan="2">קָטְלוּ</td><td rowspan="2">וּ</td></tr>
<tr><td>3f</td><td>קָטְלָה</td><td>ָה</td></tr>
<tr><td>2m</td><td>קָטַלְתָּ</td><td>תָּ</td><td>קְטַלְתֶּם</td><td>תֶּם</td></tr>
<tr><td>2f</td><td>קָטַלְתְּ</td><td>תְּ</td><td>קְטַלְתֶּן</td><td>תֶּן</td></tr>
<tr><td>1c</td><td>קָטַלְתִּי</td><td>תִּי</td><td>קָטַלְנוּ</td><td>נוּ</td></tr>
<tr><td colspan="5">Daneben gibt es vor allem intransitive Verben (also Verben ohne Objekt) nach dem Muster קָטֹן und כָּבֵד.
Bei dem Muster כָּבֵד wird nur die 3ms mit dem Vokal e gebildet, alle anderen Formen gehen wie קָטַל.
Bei dem Muster קָטֹן steht an zweiter Stelle immer dann ein o, wenn bei קָטַל ein a steht.</td></tr>
<tr><td colspan="5">Partizip aktiv (m s st abs) קֹטֵל - כָּבֵד - קָטֹן
passiv קָטֻל</td></tr>
</table>

Lektion Vier

Wenn Sie diese Lektion bearbeitet haben, werden Sie

- die Suffixe vor allem der 3. Person an Nomina und Partikeln identifizieren können
- die Pluralendung וּ an Verbformen erkennen können
- einfache אֲשֶׁר-Sätze ausgliedern und als Relativsätze übersetzen können
- Narrativ- und AK-Formen einiger häufiger unregelmäßiger Verben einander zuordnen können
- erste Erfahrungen mit den Funktionen der Tempora in der Erzählung gemacht haben

---

4.1 Zur Einführung:

4.1.1 Aufruf zum Gotteslob: Ps 148,1-3

הַלְלוּ יָהּ	(1)	Lobt Jah!
הַלְלוּ אֶת־יְהוָה מִן־הַשָּׁמַיִם		Lobt JHWH vom Himmel her!
הַלְלוּהוּ בַּמְּרוֹמִים׃		Lobt ihn in den Höhen!
הַלְלוּהוּ כָל־מַלְאָכָיו	(2)	Lobt ihn, alle seine Boten!
הַלְלוּהוּ כָּל־צְבָאָו׃		Lobt ihn, all sein Heer!
הַלְלוּהוּ שֶׁמֶשׁ וְיָרֵחַ	(3)	
הַלְלוּהוּ כָּל־כּוֹכְבֵי אוֹר׃		

4.1.2 Jakobs Aufbruch nach Ägypten: Gen 46,6f

וַיִּקְחוּ [בְּנֵי יִשְׂרָאֵל] אֶת־רְכוּשָׁם	(6)	Da nahmen die Söhne Israels ihren Besitz,
אֲשֶׁר רָכְשׁוּ בְּאֶרֶץ כְּנַעַן		den sie im Land Kanaan erworben hatten,
וַיָּבֹאוּ מִצְרָיְמָה		und kamen nach Ägypten.
יַעֲקֹב וְכָל־זַרְעוֹ אִתּוֹ׃		Jakob und seine Nachkommenschaft mit ihm.
בָּנָיו וּבְנֵי בָנָיו אִתּוֹ	(7)	
בְּנֹתָיו וּבְנוֹת בָּנָיו וְכָל־זַרְעוֹ הֵבִיא אִתּוֹ מִצְרָיְמָה׃		הֵבִיא „hatte er gebracht“

4.2 Aufgaben zur Einführung

4.2.1 Formen der Suffixe

4.2.1.1 Lesen Sie den Text 4.1.1, vergleichen Sie schon beim Lesen die Übersetzung und beobachten Sie, wie die pronominalen Elemente „ihn“, „seine“, „sein“ im Hebräischen sprachlich verwirklicht sind.

4.2.1.2 Beachten Sie, wie sich diese pronominalen Elemente (Suffixe), die alle auf eine dritte Person maskulinum Singular zurückverweisen, unterscheiden, je nachdem, ob sie an einen Singular, einen Plural oder eine Verbform angehängt sind. Übersetzen Sie selbst Vers 3.

4.2.1.3 Lesen Sie Text und Übersetzung 4.1.2, Zeilen 1 bis 4. Nennen Sie die hebräischen Äquivalente für „ihnen“, „seine“, „ihm“.

Wie ist das Wort אִתּוֹ zu analysieren?

Worauf verweist das Suffix ◌ָם zurück?

Welche Verbformen stehen im Plural? Welches ist die Plural-Endung?

4.2.1.4 Übersetzen Sie selbst den Rest von 4.1.2. Achten Sie bei der Analyse der Nomen-Formen darauf, ob das Nomen im Singular oder im Plural steht.

4.2.2 Relativsätze

Vergleichen Sie den Satz in der zweiten Zeile von 4.1.2 mit der Übersetzung. Im deutschen Relativsatz verweist das einleitende Pronomen („den“) zurück auf das maskuline Beziehungswort im Singular („der Besitz“).

Können Sie im hebräischen Satz ein solches rückwärts verweisendes pronominales Element erkennen?

4.3 Einzelsätze

[1] בָּרוּךְ יְהוָה אֱלֹהִים אֱלֹהֵי יִשְׂרָאֵל
עֹשֵׂה נִפְלָאוֹת לְבַדּוֹ׃
וּבָרוּךְ שֵׁם כְּבוֹדוֹ לְעוֹלָם
וְיִמְלָא כְבוֹדוֹ אֶת־כֹּל הָאָרֶץ אָמֵן וְאָמֵן׃
(Ps 72,18f)

וְיִמְלָא [מלא] „und (es) erfülle“

[2] בָּרֲכוּ יְהוָה מַלְאָכָיו גִּבֹּרֵי כֹחַ עֹשֵׂי דְבָרוֹ
בָּרֲכוּ יְהוָה כָּל־צְבָאָיו מְשָׁרְתָיו עֹשֵׂי רְצוֹנוֹ׃
בָּרֲכוּ יְהוָה כָּל־מַעֲשָׂיו בְּכָל־מְקֹמוֹת
מֶמְשַׁלְתּוֹ (Ps 103,20-22a)

בָּרֲכוּ (Imperativ) „lobt“
עֹשֵׂי [עשׂה] ptz pl st c

[3] זֶה סֵפֶר תּוֹלְדֹת אָדָם בְּיוֹם בְּרֹא אֱלֹהִים
אָדָם בִּדְמוּת אֱלֹהִים עָשָׂה אֹתוֹ׃
זָכָר וּנְקֵבָה בְּרָאָם וַיְבָרֶךְ אֹתָם וַיִּקְרָא

בְּרֹא [ברא] inf „als (er) schuf“

אֶת־שְׁמָם אָדָם בְּיוֹם הִבָּרְאָם׃ (Gen 5,1f)

הִבָּרְאָם [ברא] inf passiv „ihrer Schöpfung / als sie geschaffen wurden“

[4] וַיִּקַּח אַבְרָהָם אֶת־עֲצֵי הָעֹלָה וַיָּשֶׂם
עַל־יִצְחָק בְּנוֹ וַיִּקַּח בְּיָדוֹ אֶת־הָאֵשׁ
וְאֶת־הַמַּאֲכֶלֶת וַיֵּלְכוּ שְׁנֵיהֶם יַחְדָּו׃ (Gen 22,6)

PN: Abraham, Isaak

[5] וַיהוָה הֹלֵךְ לִפְנֵיהֶם יוֹמָם בְּעַמּוּד עָנָן
לַנְחֹתָם הַדֶּרֶךְ וְלַיְלָה בְּעַמּוּד אֵשׁ לְהָאִיר
לָהֶם (Ex 13,21a)

לַנְחֹת „um zu führen“ (inf + לְ); לְהָאִיר „um zu leuchten“ (inf + לְ)

[6] [וַיָּבֹזּוּ הָעִיר] וְאֶת־צֹאנָם וְאֶת־בְּקָרָם
וְאֶת־חֲמֹרֵיהֶם וְאֵת אֲשֶׁר־בָּעִיר וְאֶת־אֲשֶׁר
בַּשָּׂדֶה לָקָחוּ׃ (Gen 34,28)

4.4 Übungen zu 4.3

4.4.1 Achten Sie in allen Sätzen auf suffigierte Nomina und Partikel.

4.4.2 Verfahren Sie bei der Analyse von Suffix-Formen wie in der Übung 3.4.1: Wenn in der drittletzten Silbe Vokale reduziert sind, versuchen Sie zuerst, diese Vokale wieder einzufügen und so die lexikalische Form wiederherzustellen. Erst dann können Sie in Ihrem Vokabelgedächtnis oder im Vokabular nachschlagen.

4.4.3 Hinweise zum Text 4.3:

4.3.3: Hier gehen viele Wörter auf „am“ aus. Das ist nicht immer ein Suffix.

Zu אֹתוֹ und אֹתָם sowie zu אִתּוֹ → KGr § 14s

4.3.4: An einer Stelle, an der der hebräische Satz kein Suffix enthält, verlangt die deutsche Übersetzung ein Pronomen. Das Hebräische verzichtet in der Regel auf die Wiederholung des Objekts.

4.3.5: Wie ist לָהֶם zu analysieren? → KGr § 19o

4.5 Es war sehr gut. Schluss der ersten Schöpfungserzählung: Gen 1,31 – 2,4

(31) וַיַּרְא אֱלֹהִים אֶת־כָּל־אֲשֶׁר עָשָׂה
וְהִנֵּה־טוֹב מְאֹד
וַיְהִי־עֶרֶב וַיְהִי־בֹקֶר יוֹם הַשִּׁשִּׁי׃

(2,1) וַיְכֻלּוּ הַשָּׁמַיִם וְהָאָרֶץ וְכָל־צְבָאָם׃ — וַיְכֻלּוּ [כלה] „und es wurden vollendet“

(2) וַיְכַל אֱלֹהִים בַּיּוֹם הַשְּׁבִיעִי מְלַאכְתּוֹ
אֲשֶׁר עָשָׂה
וַיִּשְׁבֹּת בַּיּוֹם הַשְּׁבִיעִי מִכָּל־מְלַאכְתּוֹ — מִן + כָּל־ : מִכָּל־
אֲשֶׁר עָשָׂה׃

(3) וַיְבָרֶךְ אֱלֹהִים אֶת־יוֹם הַשְּׁבִיעִי
וַיְקַדֵּשׁ אֹתוֹ
כִּי בוֹ שָׁבַת מִכָּל־מְלַאכְתּוֹ
אֲשֶׁר בָּרָא אֱלֹהִים׃

(4) אֵלֶּה תוֹלְדוֹת הַשָּׁמַיִם וְהָאָרֶץ בְּהִבָּרְאָם — בְּהִבָּרְאָם s. oben 4.3.3

4.6 Übungen zum Text 4.5

4.6.1 Lesen und übersetzen Sie den Text und analysieren Sie dabei alle Suffix-Formen wie in 4.3.

4.6.2 Beachten Sie, in welchen Sätzen statt des Narrativs AK-Formen auftreten und warum.

4.6.3 Vergleichen Sie Satzbau und Tempusgebrauch am Anfang dieser Schöpfungserzählung (Gen 1,1-5). Versuchen Sie, eine allgemeine Aussage zu machen über die Rolle der Satztypen und der Tempora in der Erzählung.

*4.7 Die Beisetzung Sauls: 1 Sam 31,11-13

Nach ihrem Sieg über Israel hatten die Philister die Leichen Sauls und seiner Söhne auf dem Schlachtfeld gefunden, enthauptet und auf der Stadtmauer von Bet-Schan zur Schau gestellt.

(11) וַיִּשְׁמְעוּ יֹשְׁבֵי יָבֵשׁ גִּלְעָד — Namen: Jabesch in Gilead, Philister, Saul
אֵת אֲשֶׁר־עָשׂוּ פְלִשְׁתִּים לְשָׁאוּל׃ — עָשׂוּ [עשׂה] AK pl

(12) וַיָּקוּמוּ כָּל־אִישׁ חַיִל
וַיֵּלְכוּ כָל־הַלַּיְלָה
וַיִּקְחוּ אֵת גְּוִיַּת שָׁאוּל וְאֵת גְּוִיֹּת בָּנָיו
מֵחוֹמַת בֵּית שָׁן — מֵ־ : מִן vor Guttural
ON: Bet-Schan
zu יַבֶּשָׁה → KGr § 12r; 56i

וַיָּבֹ֫אוּ יָבֵ֫שָׁה
וַיִּשְׂרְפוּ אֹתָם שָֽׁם׃
(13) וַיִּקְחוּ אֶת־עַצְמֹתֵיהֶם
וַיִּקְבְּרוּ תַֽחַת־הָאֶ֫שֶׁל בְּיָבֵ֑שָׁה
וַיָּצ֫וּמוּ שִׁבְעַת יָמִֽים׃

4.8 Übungen zur Wortkunde – Schwache Verben

4.8.1 Ergänzen Sie Ihre Liste aus 3.8 um die entsprechenden Formen der Verben הלך, קוּם und בּוֹא.

4.8.2 Prägen Sie sich außer diesen vor allem die Formen von עשׂה, נתן und לקח so ein, dass Sie jeweils den Narrativen auch die AK- und Partizip-Formen zuordnen können und umgekehrt.

Grammatik-Paragraphen:

Suffixe: 19 a — Narrativ: 26 i-m — Afformativkonjugation (AK): 29 a-f — Tempora in der Erzählung: 53 k-m — אֲשֶׁר-Sätze: 63

Suffixe (KGr § 19 d)

Singular	3 m	סוּסוֹ	הוּ / וֹ
	3 f	סוּסָהּ	ֶהָ / ָהּ
	2 m	סוּסְךָ	ְךָ
	2 f	סוּסֵךְ	ֵךְ
	1 c	סוּסִי	ִי
Plural	3 m	סוּסָם	ֵהֶם / ָם
	3 f	סוּסָן	ֶהָן / ֵהֶן / ָן
	2 m	סוּסְכֶם	ְכֶם
	2 f	סוּסְכֶן	ְכֶן
	1 c	סוּסֵ֫נוּ	ֵ֫נוּ

Suffixe können an Nomen angehängt werden (= Possessivpronomen), an Verben (= Objekt) oder an Präpositionen und Partikel.

Werden Suffixe an Nomen im Plural (oder Dual) angehängt, steht vor dem Suffix ein י (m) oder ein וֹתי (f). Vereinfacht könnte man sagen, dass Suffixe an Formen angehängt werden, die wie Constructus-Formen aussehen.

Sonderformen: סוּסָיו = Nomen m pl + Sf 3 m s

סוּסַי = Nomen m pl + Sf 1 s

Bei Verben ist das Suffix der 1 Sg נִי (statt ִי).

Lektion Fünf

Wenn Sie diese Lektion bearbeitet haben, werden Sie

- Vokalisations-Besonderheiten von Wörtern mit Gutturalen erklären und für die Analyse von Wortformen berücksichtigen können
- den Artikel auch in Verbindung mit Präfixen und vor Gutturalen erkennen können
- die Präposition מִן auch in der assimilierten Form und vor Gutturalen erkennen können
- die verschiedenen Bedeutungen der Präposition מִן je nach Kontext und durch Rückgriff auf die Grundbedeutung richtig anwenden können
- die Funktion von Nominalsätzen in einer Erzählung kennen und für die Übersetzung berücksichtigen können
- adverbiale Nomina auch ohne Präposition im Text erkennen und in ihrer Funktion verstehen können

---

5.1 Zur Einführung:

5.1.1 Gutturale – Artikel – Präfixe

וַיַּבְדֵּל אֱלֹהִים בֵּין הָאוֹר וּבֵין הַחֹשֶׁךְ׃ וַיִּקְרָא אֱלֹהִים לָאוֹר יוֹם וְלַחֹשֶׁךְ קָרָא לָיְלָה (Gen 1,4b.5a)	[1]	Und Gott schied zwischen ( ) Licht und ( ) Finsternis. Und Gott nannte ( ) Licht Tag, ( ) Finsternis nannte er Nacht.
וַיִּקַּח יִשְׂרָאֵל אֵת כָּל־הֶעָרִים הָאֵלֶּה וַיֵּשֶׁב יִשְׂרָאֵל בְּכָל־עָרֵי הָאֱמֹרִי (Num 21,25)	[2]	Und Israel nahm ( ) Städte ein, und Israel ließ sich in ( ) Städten ( ) Amoriter nieder.
וַיַּעַשׂ שְׁלֹמֹה בָעֵת־הַהִיא אֶת־הֶחָג (1 Kön 8,65)	[3]	Und Salomo machte zu ( ) Zeit ( ) Fest.
יְהוָה הֹלֵךְ לִפְנֵיהֶם בַּדֶּרֶךְ בָּאֵשׁ לַיְלָה וּבֶעָנָן יוֹמָם׃ (Dtn 1,33)	[4]	JHWH geht vor ihnen her auf ( ) Weg; ( ) Feuer nachts und ( ) Wolke tags.
וַיַּרְא גַּעַל אֶת־הָעָם וַיֹּאמֶר אֶל־זְבֻל הִנֵּה־עָם יוֹרֵד מֵרָאשֵׁי הֶהָרִים וַיֹּאמֶר אֵלָיו זְבֻל אֵת צֵל הֶהָרִים אַתָּה רֹאֶה כָּאֲנָשִׁים׃ (Ri 9,36)	[5]	Da sah Gaal ( ) Volk und sagte zu Sebul: Sieh! ( ) Volk kommt herunter von ( ) Gipfeln ( ) Berge. Da sagte Sebul zu ihm: ( ) Schatten ( ) Berge siehst du für ( ) Männer an.

[6] וַיָּבֹא אַבְנֵר אֶל־דָּוִד חֶבְרוֹן וְאִתּוֹ עֶשְׂרִים אֲנָשִׁים וַיַּעַשׂ דָּוִד לְאַבְנֵר וְלָאֲנָשִׁים מִשְׁתֶּה׃ (2 Sam 3,20)	Und Abner kam zu David nach Hebron und mit ihm ( ) 20 Männer. Und David veranstaltete für Abner und ( ) Männer ( ) Festessen.

5.1.2 Präposition מִן

מִן־הַשָּׁמַיִם - מִבֹּקֶר עַד עֶרֶב - מֵעֶרֶב עַד בֹּקֶר

5.2 Aufgaben zur Einführung

5.2.1 Besonderheiten der Gutturale

Lesen Sie zur allgemeinen Orientierung KGr § 10, danach die Textbeispiele 5.1.1 und achten Sie auf folgendes:

5.2.1.1 Entscheiden Sie jedes Mal, ob ein Nomen einen Artikel hat oder nicht. Beobachten Sie, welche Formen der Artikel haben kann und wie sich andere Präfixe mit dem Artikel verbinden.

5.2.1.2 Vergleichen Sie die Formen in der folgenden Liste: Wie weichen in der 2. und 3. Zeile Wörter mit Gutturalen von den „normalen“ in der 1. Zeile ab?

דִּבְרֵי	לִדְבָרִים	דְּבָרִים	דְּבַר	דָּבָר
חַכְמֵי	לַחֲכָמִים	חֲכָמִים	חֲכַם	חָכָם
נַהֲרוֹת	לִנְהָרוֹת	נְהָרוֹת	נְהַר	נָהָר

5.2.2 Präposition מִן

Beobachten Sie in 5.1.2, welche verschiedenen Formen die Präposition מִן annehmen kann. Versuchen Sie, eine Erklärung für ·מִ und מֵ zu geben.

→ KGr §§ 10p und 19s

5.2.3 Ergänzen Sie die folgenden Sätze:

5.2.3.1 In der Umgebung von Gutturalen steht häufig anstelle von kurzem i der Vokal ......

5.2.3.2 Statt Schwa mobile steht bei Gutturalen ein ....

5.2.3.3 Statt eines Dagesch forte ist vor einem Guttural ein .... Vokal (Ersatzdehnung) oder eine scheinbar offene Silbe mit .... Vokal (virtuelle Verdoppelung) zu erwarten.

5.2.3.4 Geschlossene Silben können ....sein.

5.3 Bericht über den Edomiter Hadad: aus 1 Kön 11,14ff

וַיָּקֶם יְהוָה שָׂטָן לִשְׁלֹמֹה אֵת הֲדַד הָאֲדֹמִי מִזֶּרַע הַמֶּלֶךְ הוּא בֶּאֱדוֹם׃	(14)	וַיָּקֶם [קום] „ließ aufkommen“ Name: Edom
וַיְהִי בְּהַכּוֹת דָּוִד אֶת־אֱדוֹם וַיַּךְ כָּל־זָכָר בֶּאֱדוֹם׃	(15)	וַיְהִי בְּהַכּוֹת „als (er) geschlagen hatte“
וַיִּבְרַח הֲדַד הוּא וַאֲנָשִׁים אֲדֹמִיִּים מֵעַבְדֵי אָבִיו אִתּוֹ לָבוֹא מִצְרָיִם וַהֲדַד נַעַר קָטָן׃	(17)	לָבוֹא „zu kommen“
וַיָּקֻמוּ מִמִּדְיָן וַיָּבֹאוּ פָּארָן וַיִּקְחוּ אֲנָשִׁים עִמָּם מִפָּארָן וַיָּבֹאוּ מִצְרַיִם אֶל־פַּרְעֹה מֶלֶךְ־מִצְרַיִם וַיִּתֶּן־לוֹ בַיִת וְלֶחֶם אָמַר לוֹ וְאֶרֶץ נָתַן לוֹ׃	(18)	ON: Midian, Paran אמר hier: „zusagen“
וַיִּמְצָא הֲדַד חֵן בְּעֵינֵי פַרְעֹה מְאֹד וַיִּתֶּן־לוֹ אִשָּׁה אֶת־אֲחוֹת אִשְׁתּוֹ אֲחוֹת תַּחְפְּנֵיס הַגְּבִירָה׃	(19)	PN: Tachpenes
וַתֵּלֶד לוֹ אֲחוֹת תַּחְפְּנֵיס אֵת גְּנֻבַת בְּנוֹ … וַיְהִי גְנֻבַת בֵּית פַּרְעֹה בְּתוֹךְ בְּנֵי פַרְעֹה׃	(20)	וַתֵּלֶד „und (sie) gebar“ PN: Genubat
וַהֲדַד שָׁמַע בְּמִצְרַיִם כִּי־שָׁכַב דָּוִד עִם־ אֲבֹתָיו וְכִי־מֵת יוֹאָב שַׂר־הַצָּבָא וַיֹּאמֶר הֲדַד אֶל־פַּרְעֹה שַׁלְּחֵנִי וְאֵלֵךְ אֶל־אַרְצִי׃	(21)	מֵת AK von מות „sterben“ PN: Joab „Entlass mich, dass ich nach Hause kann!“
וַיָּשָׁב לְאַרְצוֹ … וַיִּמְלֹךְ עַל־אֱדֹם׃	(25)	

5.4 Mose und Aaron: Ex 4,27-31

וַיֹּאמֶר יְהוָה אֶל־אַהֲרֹן לֵךְ לִקְרַאת מֹשֶׁה הַמִּדְבָּרָה וַיֵּלֶךְ וַיִּפְגְּשֵׁהוּ בְּהַר הָאֱלֹהִים וַיִּשַּׁק־לוֹ׃	(27)	לֵךְ „geh!“ zu הַמִּדְבָּרָה → KGr § 12r

(28) וַיַּגֵּד מֹשֶׁה לְאַהֲרֹן אֵת כָּל־דִּבְרֵי יְהוָה אֲשֶׁר
שְׁלָחוֹ וְאֵת כָּל־הָאֹתֹת אֲשֶׁר צִוָּהוּ׃

(29) וַיֵּלֶךְ מֹשֶׁה וְאַהֲרֹן וַיַּאַסְפוּ אֶת־כָּל־זִקְנֵי בְּנֵי
יִשְׂרָאֵל׃

(30) וַיְדַבֵּר אַהֲרֹן אֵת כָּל־הַדְּבָרִים
אֲשֶׁר־דִּבֶּר יְהוָה אֶל־מֹשֶׁה
וַיַּעַשׂ הָאֹתֹת לְעֵינֵי הָעָם׃

(31) וַיַּאֲמֵן הָעָם
וַיִּשְׁמְעוּ כִּי־פָקַד יְהוָה אֶת־בְּנֵי יִשְׂרָאֵל וְכִי
רָאָה אֶת־עָנְיָם — עָנְיָם : עֳנִי + Suffix 3 pl
וַיִּקְּדוּ וַיִּשְׁתַּחֲווּ׃ — „und sie fielen nieder und beteten an."

5.5 Übungen

5.5.1 Beachten und benennen Sie auch in den Texten 5.3 und 5.4 die Vokalisationsbesonderheiten bei Gutturalen, vor allem bei Artikel und Präfixen.

5.5.2 Beachten Sie den Unterschied von Nominal- und Verbalsätzen:

Wo Nominalsätze die Erzähl-Kette unterbrechen, bedenken Sie das inhaltliche Verhältnis der beiden Sätze, und finden Sie im Deutschen die richtige Satzverbindung (nicht unbedingt „und" für ו) und das richtige Tempus.

> Am Satzanfang gilt:
> Waw vor Verb verbindet und führt weiter.
> Waw vor Nicht-Verb unterbricht.

5.5.3 Beobachten Sie, wie Umstandsbestimmungen eingefügt sind. Welcher Unterschied zum Deutschen besteht?

5.6 Übung zur Wortkunde: Die Bedeutung von מִן

[1] וַיִּקַּח עֲשָׂרָה אֲנָשִׁים מִזִּקְנֵי הָעִיר (Rut 4,2)

[2] וַיֵּרֶד בָּרָק מֵהַר תָּבוֹר (Ri 4,14) PN: Barak, ON: Tabor

[3] וּמֵעֹלָם עַד־עֹלָם אַתָּה אֵל׃ (Ps 90,2)

[4] וַיִּירָא מְאֹד מִדִּבְרֵי שְׁמוּאֵל (1 Sam 28,20)

וַיֹּאמֶר יְהוָה אֱלֹהִים אֶל־הַנָּחָשׁ כִּי עָשִׂיתָ זֹּאת אָרוּר אַתָּה מִכָּל־הַבְּהֵמָה וּמִכֹּל חַיַּת הַשָּׂדֶה (Gen 3,14)

[5] עָשִׂיתָ [עשׂה] „du hast getan“

וַתֵּרֶב חָכְמַת שְׁלֹמֹה מֵחָכְמַת כָּל־בְּנֵי־קֶדֶם וּמִכֹּל חָכְמַת מִצְרָיִם׃ (1 Kön 5,10)

[6] וַתֵּרֶב [רבה] „sie war groß“

Wählen Sie die richtige Bedeutung von מִן nach dem jeweiligen Kontext aus. Versuchen Sie, die verschiedenen Bedeutungen auf eine Grundbedeutung zurückzuführen.

5.7 Formen-Übung

5.7.1 Welche der folgenden Wörter enthalten den Artikel?

כַּאֲנָשִׁים לָאוֹר בֶּאֱמוּנָה בֶּעָנָן לַאֲנָשִׁים וַהֲדַד

5.7.2 Welche enthalten die Präposition מִן?

מִדִּבְרֵי מִדְבָּר מִשְׁפָּט מִשּׁוֹמְרוֹן מְאֹד מֵאוֹר מָאוֹר

Grammatik-Paragraphen:

Gutturale: 10 — Artikel: 13 — Präfixe: 14 a-f — מִן: 14 h — He locale: 12 r — Nominalsatz/Verbalsatz: 52 m ; 53 k — Adverbiale Nomina: 57 a-o

Lektion Sechs

Wenn Sie diese Lektion bearbeitet haben, werden Sie

- bei Segolaten von Formen mit Endung auf die lexikalische Form schließen können
- regelmäßig gebildete Partizipien des Grundstammes analysieren können
- hebräische Partizipialsätze durch deutsche Verbalsätze wiedergeben können
- einen ersten Einblick in die Benutzung eines wissenschaftlichen Lexikons zum Alten Testament gewonnen haben
- die wichtigsten Zahlwörter (1 - 10, 100, 1000) als Vokabeln kennen und auch zusammengesetzte Zahlen verstehen können

---

6.1 Zur Einführung:

וַיִּבְרָא אֱלֹהִים אֶת־הָאָדָם בְּצַלְמוֹ בְּצֶלֶם אֱלֹהִים בָּרָא אֹתוֹ (Gen 1,27)	[1]	Und Gott schuf den Menschen nach seinem Bild, nach dem Bild Gottes hat er ihn geschaffen.
חוֹשֵׂךְ שִׁבְטוֹ שׂוֹנֵא בְנוֹ וְאֹהֲבוֹ שִׁחֲרוֹ מוּסָר׃ (Spr 13,24)	[2]	Wer seinen Stock schont, hasst seinen Sohn; aber wer ihn liebt, sucht ihn mit Züchtigung.
שֵׁבֶט וְתוֹכַחַת יִתֵּן חָכְמָה וְנַעַר מְשֻׁלָּח מֵבִישׁ אִמּוֹ׃ (Spr 29,15)		Stock und Tadel gibt Weisheit; doch ein Junge, sich selbst überlassen, macht seiner Mutter Schande.
אֲבִי יְתוֹמִים וְדַיַּן אַלְמָנוֹת אֱלֹהִים בִּמְעוֹן קָדְשׁוֹ׃ ...	[3]	Ein Vater der Waisen und ein Anwalt der Witwen ist Gott in der Wohnung seines Heiligtums (= seiner heiligen Wohnung).
אֲדֹנָי בָּא מִסִּינַי בַּקֹּדֶשׁ׃ (Ps 68,6.18b)		Der Herr kommt vom Sinai in das Heiligtum.
וְאֵלֶּה מַלְכֵי הָאָרֶץ אֲשֶׁר הִכָּה יְהוֹשֻׁעַ וּבְנֵי יִשְׂרָאֵל בְּעֵבֶר הַיַּרְדֵּן יָמָּה ... מֶלֶךְ יְרִיחוֹ אֶחָד ... מֶלֶךְ תִּרְצָה אֶחָד כָּל־מְלָכִים שְׁלֹשִׁים וְאֶחָד׃ (Jos 12,7.9.24)	[4]	הִכָּה „er hat geschlagen" PN: Josua ON: Jericho, Tirza

6.2 Aufgaben zur Einführung

6.2.1 Segolata – Singular

6.2.1.1 Tragen Sie die Formen, in denen die hebräischen Wörter für „Bild", „Stock" und „Heiligtum" auftreten, in eine Liste ein und folgen Sie dabei dem Beispiel „מֶ֫לֶךְ":

Suffix-Form	„Grundform"	Lexikalische Form
מַלְכּ וֹ	malk	מֶ֫לֶךְ
	salm	
	schibt	
	qodsch	

6.2.1.2 Wie ist die lexikalische Form gegenüber der „Grundform" erweitert? Wie kann man also von der Suffix-Form aus auf die lexikalische Form schließen?

6.2.1.3 Dazu → KGr § 21.

6.2.2 Versuchen Sie, Analyseregeln zu formulieren, indem Sie die folgenden Sätze ergänzen:

6.2.2.1 Wenn nach dem Abstreichen des Suffixes ein Wort mit .... Schlusskonsonanten übrigbleibt, handelt es sich um ein Segolatum.

6.2.2.2 Die lexikalische Form hat zwischen .... einen Hilfsvokal, meist ......

6.2.2.3 Der erste Vokal eines Segolatums kann ..... (aus a), ... (gedehnt aus i) oder ..... (gedehnt aus kurzem o) sein.

6.2.3 Segolata – Plural

6.2.3.1 Lesen und übersetzen Sie 6.1.4 und schreiben Sie die Formen von מֶ֫לֶךְ in die hier folgende Liste:

pl st c	pl st abs	sing st c	sing st abs

6.2.3.2 Was käme heraus, wenn Sie auf die Pluralformen die Analyseregeln von Lektion 3 anwenden würden? Dazu → KGr § 21 a.

6.2.4 Versuchen Sie, eine Analyseregel zu formulieren, indem Sie den folgenden Satz ergänzen:

Bei unbekannten Pluralformen vom Typ דְּבָרִים kann der Singular grundsätzlich .... oder .... lauten.

6.2.5 Formen-Übung

6.2.5.1 Schließen Sie bei den folgenden Suffix-Formen auf die lexikalische Form und übersetzen Sie die Suffix-Form.

z.B.: מַלְכּוֹ von מֶ֫לֶךְ - „sein König“

דַּרְכּוֹ - זַרְעוֹ - סִפְרוֹ - נַפְשָׁם - בִּגְדוֹ - קִרְבּוֹ - אַרְצָם - אָהֳלוֹ
חַסְדּוֹ - קָדְשׁוֹ

6.2.5.2 Erörtern Sie bei den folgenden Pluralen jeweils, wie der dazugehörige Singular aussehen könnte, z.B.: בְּקָרִים pl zu בָּקָר (Rind) oder zu בֹּ֫קֶר (Morgen). Kontrollieren Sie im Lexikon, welche Wörter wirklich existieren.

אֲבָנִים - אֲרָצוֹת - מַלְאָכִים - יְשָׁרִים - נְפָשׁוֹת - סְפָרִים - עֲרָבוֹת
עֲבָדִים - דְּבָרִים - בְּגָדִים - דְּרָכִים - צְבָאוֹת - נְחָשִׁים - אֲלָפִים

6.3 Einzelsätze

[1] וַיַּהֲרֹג מְלָכִים אַדִּירִים כִּי לְעוֹלָם חַסְדּוֹ׃
וַיִּתֵּן אַרְצָם לְנַחֲלָה כִּי לְעוֹלָם חַסְדּוֹ׃
נַחֲלָה לְיִשְׂרָאֵל עַבְדּוֹ כִּי לְעוֹלָם חַסְדּוֹ׃
(Ps 136,18.21f)

[2] וַיִּשְׁמְעוּ כָל־יִשְׂרָאֵל אֶת־הַמִּשְׁפָּט אֲשֶׁר שָׁפַט
הַמֶּלֶךְ וַיִּרְאוּ מִפְּנֵי הַמֶּלֶךְ
כִּי רָאוּ כִּי־חָכְמַת אֱלֹהִים בְּקִרְבּוֹ ...׃ — רָאוּ [ראה] 3 pl AK
(1 Kön 3,28)

[3] וַיְהִי רָעָב בְּכָל־הָאֲרָצוֹת וּבְכָל־אֶ֫רֶץ מִצְרַיִם
הָיָה לָחֶם׃ (Gen 41,54)

[4] וְלֹא פָחֲדוּ וְלֹא קָרְעוּ אֶת־בִּגְדֵיהֶם הַמֶּ֫לֶךְ
וְכָל־עֲבָדָיו הַשֹּׁמְעִים אֵת כָּל־הַדְּבָרִים
הָאֵלֶּה׃ (Jer 36,24)

[5] צַמִּים וּפַחִים בְּדֶרֶךְ עִקֵּשׁ
שׁוֹמֵר נַפְשׁוֹ יִרְחַק מֵהֶם׃ (Spr 22,5) — יִרְחַק [רחק] „hält sich fern“

[6] שֹׁמֵר מִצְוָה שֹׁמֵר נַפְשׁוֹ
וּבוֹזֵה דְרָכָיו יָמוּת׃ (Spr 19,16) — יָמוּת [מות] stirbt

[7] אֵלֶּה פְקוּדֵי בְנֵי־יִשְׂרָאֵל לְשִׁבְטֵיהֶם
כָּל־פְּקוּדֵי הַמַּחֲנֶה לְצִבְאֹתָם שֵׁשׁ־מֵאוֹת אֶלֶף
וּשְׁלֹשֶׁת אֲלָפִים וַחֲמֵשׁ מֵאוֹת וַחֲמִשִּׁים׃
(Num 2,32)

6.4 Übungen zu 6.3

6.4.1 Analysieren Sie in allen Beispielen die Suffix-Formen nach den Analyseregeln aus 6.2.

6.4.2 Achten Sie in den Sätzen 3, 4 und 7 auf Plurale.

6.4.3 Analysieren Sie die Partizipien in 4 bis 7 nicht nur formal, sondern auch syntaktisch: Welchen Satzteil stellen sie im hebräischen Satz dar? Wie kann man die Partizipien mit anderen deutschen Verbformen übersetzen?

6.5 Der Weg des Gerechten: Psalm 1,1-2

Lesen Sie den Text in der Biblia Hebraica und übersetzen Sie ihn mit Hilfe des Lexikons.

Im Folgenden erhalten Sie eine schrittweise Anleitung, die Sie auch in den Gebrauch des Lexikons einführen soll.

6.5.1.1 Das Erscheinungsbild des Textes ist für Sie neu und gewöhnungsbedürftig. Auf Einzelheiten kann hier nicht eingegangen werden. Details werden in einem exegetischen Proseminar erarbeitet.

Vorläufig ist für Sie wichtig, außer Vokalzeichen und Akzenten alle anderen kleinen Zeichen im hebräischen Text zu überlesen.

6.5.1.2 Grundsätzlich kommen für Ihre Arbeit drei Lexika in Frage. Das Kompaktwörterbuch Althebräisch von F. Matheus ermöglicht einen schnellen Zugriff auf Wortbedeutungen und bietet einen guten Formenüberblick. Es ist für eine erste Information gut geeignet.

Die beiden anderen großen, wissenschatlichen Wörterbücher bieten demgegenüber deutlich mehr Informationen und sind vor allem für die exegetische Arbeit an den Texten unentbehrlich. Es handelt sich um Gesenius, Hebräisches und Aramäisches Handwörterbuch über das Alte Testament (18. Aufl.) und Koehler/Baumgartner, Konzise und Aktualisierte Ausgabe des Hebräischen und Aramäischen Lexikons zum Alten Testament (KAHAL).

6.5.2 Lesen Sie also nun die drei ersten Zeilen von Psalm 1; lesen Sie dann nochmals die erste Zeile. Beschreiben Sie den Satzbau hier in Ps 1.

6.5.2.1 Das Verb הָלַךְ ist Ihnen bekannt (Vok 4). Schlagen Sie trotzdem im Lexikon nach und beachten Sie, dass dort Verben immer als Wurzeln zitiert sind (also nur die drei Konsonanten, ohne Vokalzeichen).

6.5.2.2 Gebrauch des Lexikons

Machen Sie sich an diesem Beispiel den Aufbau der Lexikonartikel klar. Wichtig: Beginn mit Etymologie und Literatur (keinesfalls ist das erste auftauchende deutsche Wort die Bedeutung), dann geordnet nach Verbstämmen (Bedeutungsabwandlungen), zuerst der Grundstamm (Kal bzw. qal). Dort zuerst mögliche Formen, dann Bedeutungen.

6.5.2.3 Bevor Sie בַּעֲצַת im Lexikon aufsuchen, überlegen Sie:

1. welcher Satzteil nach הָלַךְ folgen muss,
2. welche Bildungselemente (Präfix, Endung) an dem Wort zu erkennen sind,
3. in welcher Form das Wort vermutlich im Lexikon steht.

Dadurch verringert sich die Wahlmöglichkeit zwischen Lexikon-Stichwörtern erheblich. Die richtige Bedeutung ergibt sich wieder aus dem Satzzusammenhang. Übersetzen Sie die erste Zeile.

6.5.3 Lesen Sie dann die zweite Zeile. Beachten Sie den parallelen Satzbau. Schlagen Sie unbekannte Wörter nach und übersetzen Sie zunächst zwei selbständige Sätze.

6.5.3.1 Beachten Sie אֲשֶׁר (1. Zeile) und verbinden Sie alle Sätze des ersten Verses richtig.

6.5.3.2 Kontrollieren Sie Ihre Übersetzung des ersten Verses in einer deutschen Bibel. Benutzen Sie immer mehrere, möglichst unterschiedliche Übersetzungen.

6.5.4 Lesen Sie die erste Hälfte der dritten Zeile. Vor der Übersetzung analysieren Sie חֶפְצוֹ, schlagen Sie כִּי אִם im Lexikon nach.

6.5.5 Lesen Sie die zweite Hälfte der 3. Zeile und analysieren Sie zunächst וּבְתוֹרָתוֹ.

6.5.5.1 Sie erkennen das Element י (3.Person) an der Form יֶהְגֶּה. Schlagen Sie die Wurzel im Lexikon nach, übersetzen Sie das Tempus mit deutschem Präsens. Zu יוֹמָם s. das Lexikon.

6.5.5.2 Übersetzen Sie diesen Halbvers auch zunächst als selbständigen Satz.

6.5.6 Lesen Sie nun nochmals beide Verse, überlegen Sie dann, ob und wie alle fünf Sätze zusammengehören und übersetzen Sie das Ganze.

6.5.7 Lernen Sie, wenn Sie mögen, die zwei Verse auswendig, und lesen Sie sie zum Schluss auch unpunktiert (6.7).

6.6 Übungen zur Wortkunde: Zahlen

6.6.1 Stellen Sie alle Zahlwörter zusammen, die das Vokabular bis jetzt geboten hat.

6.6.2 Ergänzen Sie Ihre Liste durch die Grundzahlen aus KGr § 25 u (Kardinalzahlen) und vermehren Sie sie um die Wörter für 100, 1000 und 10000.

6.6.3 Prägen Sie sich ein, wie Zehnerzahlen (20 bis 90) gebildet sind, und an welchem Element man Ordnungszahlen (z.B. „der vierte Tag“ Gen 1,19) erkennt. → KGr § 25 c

6.6.4 Lesen Sie KGr § 25 d.h.i durch. Was sind also:

שָׁלֹשׁ בָּנוֹת - שְׁלֹשָׁה אַחִים - עֲשָׂרָה אֲנָשִׁים

וְאַהֲרֹן בֶּן־שָׁלֹשׁ וּשְׁמֹנִים שָׁנָה (Ex 7,7)

Übersetzen Sie auch: שְׁלֹשֶׁת יָמִים

Worin unterscheidet sich die letzte Wendung von den anderen?

6.6.5 Lesen Sie die folgenden Zahlen und schreiben Sie sie in Ziffern:

שְׁלֹשָׁה וַחֲמִשִּׁים אֶלֶף וְאַרְבַּע מֵאוֹת - תְּשַׁע מֵאוֹת וּשְׁלֹשִׁים -
אַרְבָּעִים וַחֲמִשָּׁה

6.7 Psalm 1,1-2 unpunktiert

(1) אשרי האיש אשר לא הלך בעצת רשעים
ובדרך חטאים לא עמד
ובמושב לצים לא ישב:

(2) כי אם־בתורת יהוה חפצו
ובתורתו יהגה יומם ולילה:

Grammatik-Paragraphen:

Segolata: 21 — Zahlen: 25 — Partizipien: 32 a-c — Partizip als Satzglied: 32 d.e

Lektion Sieben

Wenn Sie diese Lektion bearbeitet haben, werden Sie

- die Formen aller Segolata analysieren können, auch wenn sie durch Gutturale oder Kontraktionen vom Typ מֶלֶךְ abweichen
- Nominalendungen, vor allem den Dual, wiederholt haben
- וַיְהִי als Einleitungsformel erkennen und übersetzen können
- die Bedeutungen der 22 häufigsten Verben kennen und deren Narrativ-Formen den entsprechenden AK-Formen und Partizipien zuordnen können

---

7.1 Zur Einführung: Segolata

וַיַּשְׁכֵּם נַעַר אִישׁ הָאֱלֹהִים לָקוּם וַיֵּצֵא וְהִנֵּה־חַיִל סוֹבֵב אֶת־הָעִיר וְסוּס וָרָכֶב וַיֹּאמֶר נַעֲרוֹ אֵלָיו אֲהָהּ אֲדֹנִי אֵיכָה נַעֲשֶׂה׃ (2 Kön 6,15)	[1]	Der Diener des Gottesmannes stand frühmorgens auf und ging hinaus; und siehe: ein Heer umgab die Stadt mit Pferd und Wagen! Und sein Diener sagte zu ihm: Ach, mein Herr, was sollen wir tun?
(Jer 37,5) וְחֵיל פַּרְעֹה יָצָא מִמִּצְרָיִם	[2]	
וּבֶן־הֲדַד מֶלֶךְ־אֲרָם קָבַץ אֶת־כָּל־חֵילוֹ (1 Kön 20,1)	[3]	PN: Ben-Hadad
הִנֵּה עֵין יְהוָה אֶל־יְרֵאָיו ... (Ps 33,18a.19a) לְהַצִּיל מִמָּוֶת נַפְשָׁם	[4]	Siehe, das Auge JHWHs (sieht) auf die, die ihn fürchten, um ihr Leben vom Tode zu retten.
אַל־תִּירָא כִּי־יַעֲשִׁר אִישׁ כִּי־יִרְבֶּה כְּבוֹד בֵּיתוֹ׃ (Ps 49,17f) כִּי לֹא בְמוֹתוֹ יִקַּח הַכֹּל	[5]	Fürchte dich nicht, wenn jemand reich wird, wenn sich mehrt der Glanz seines Hauses; denn bei seinem Tod nimmt er all das nicht mit.

7.2 Aufgaben zur Einführung

7.2.1 Segolata

7.2.1.1 Betrachten Sie in Textbeispiel 7.1.1 die Formen des Nomens נַעַר. Woran ist es als Segolatum zu erkennen? Inwiefern gilt auch hier die Analyseregel von 6.2.2 ?

7.2.1.2 Übersetzen Sie selbst (2) und (3). Vergleichen Sie die Formen des hebräischen

Wortes für „Heer“. Auch dies ist ein Segolatum. Inwiefern weichen seine Formen von denen anderer Segolata ab?

7.2.1.3 Vergleichen Sie unter denselben Gesichtspunkten die Formen des hebräischen Wortes für „Tod“ in (4) und (5). Wie muss also jeweils der st abs sing zu עֵין (4) und zu בֵּיתוֹ (5) lauten?

7.2.1.4 Kontrollieren Sie Ihr Verständnis, lesen Sie KGr § 22 a-c.

7.2.1.5 Formulieren Sie eine Analyseregel, indem Sie den folgenden Satz ergänzen:

Bleibt nach Abhängen des Suffixes ein einsilbiger Rest mit langem e oder o (בֵּית oder מוֹת) übrig, so handelt es sich meist um ein Segolatum wie .... oder ....

Achtung! Von den Segolaten mit o sind nur מָוֶת und תָּוֶךְ einigermaßen häufig. Z.B. sind יוֹם und קוֹל keine Segolata.

7.2.2 Formen-Übung

Analysieren Sie die folgenden Formen:

z.B.: נַעֲרוֹ von נַעַר, sg + suf 3 m s „sein Knecht“

אָהֳלוֹ - בְּאָזְנֵי - אָזְנַיִם - בְּאָזְנֵיהֶם - בֵּיתָם - אֵיל - אֵילֵי - אֵין
אֵינָם - חֵילָם - חֲיָלִים - חֵילֵיהֶם - יָדַיִם - יְדֵיהֶם - עֵינָם
עֵינֵיהֶם - עֲיָנוֹת - לְמוֹתָם - נְעָרִים - פְּעָמִים - פַּעֲמַיִם - קַרְנַיִם
קַרְנֵי - בְּתוֹךְ - שְׁנַיִם - שְׁנֵיהֶם - שְׂנַיִם - שְׂנֵיהֶם - שַׁעֲרוֹ
שְׁעָרִים - תּוֹךְ

7.3 Übungssätze

וּמֹשֶׁה בֶּן־מֵאָה וְעֶשְׂרִים שָׁנָה בְּמוֹתוֹ לֹא־
כָהֲתָה עֵינוֹ וְלֹא־נָס לֵחוֹ׃ (Dtn 34,7)

[1] כָּהֲתָה „war schwach geworden“
נָס [נוס] „war geschwunden“

וַיִּשָּׂא אַבְרָהָם אֶת־עֵינָיו וַיַּרְא וְהִנֵּה אַיִל
אֶחָד נֶאֱחַז בַּסְּבַךְ בְּקַרְנָיו וַיֵּלֶךְ אַבְרָהָם
וַיִּקַּח אֶת־הָאַיִל וַיַּעֲלֵהוּ לְעֹלָה תַּחַת בְּנוֹ׃
(Gen 22,13)

[2] נֶאֱחַז „hing fest“
וַיַּעֲלֵהוּ [עלה] „darbringen“

וַיָּרֶם מֹשֶׁה אֶת־יָדוֹ וַיַּךְ אֶת־הַסֶּלַע בְּמַטֵּה
פַּעֲמָיִם וַיֵּצְאוּ מַיִם רַבִּים (Num 20,11)

[3] zu מַיִם → KGr § 24d

[4] כַּחֹמֶץ לַשִּׁנַּיִם וְכֶעָשָׁן לָעֵינָיִם כֵּן הֶעָצֵל לְשֹׁלְחָיו׃ (Spr 10,26)

[5] וַיַּעַן עָכָן אֶת־יְהוֹשֻׁעַ וַיֹּאמַר ...[הִנֵּה הָאַדֶּרֶת] טְמוּנָה בָּאָרֶץ בְּתוֹךְ הָאֹהֶל וְהַכֶּסֶף תַּחְתֶּיהָ׃

PN: Achan

(22) וַיִּשְׁלַח יְהוֹשֻׁעַ מַלְאָכִים וַיָּרֻצוּ הָאֹהֱלָה וְהִנֵּה טְמוּנָה בְּאָהֳלוֹ וְהַכֶּסֶף תַּחְתֶּיהָ׃

וַיָּרֻצוּ „und sie liefen"

(23) וַיִּקָּחוּם מִתּוֹךְ הָאֹהֶל וַיְבִאוּם אֶל־יְהוֹשֻׁעַ וְאֶל־כָּל־בְּנֵי יִשְׂרָאֵל (Jos 7,21-23)

וַיְבִאוּם „und sie brachten sie"

[6] וַיִּירָא [יַעֲקֹב] וַיֹּאמַר מַה־נּוֹרָא הַמָּקוֹם הַזֶּה אֵין זֶה כִּי אִם־בֵּית אֱלֹהִים וְזֶה שַׁעַר הַשָּׁמָיִם׃

וַיִּקְרָא אֶת־שֵׁם־הַמָּקוֹם הַהוּא בֵּית־אֵל (Gen 28,17.19a)

[7] וַיִּרְדְּפוּ מִצְרַיִם אַחֲרֵיהֶם וַיַּשִּׂיגוּ אוֹתָם חֹנִים עַל־הַיָּם כָּל־סוּס פַּרְעֹה רִכְבּוֹ וּפָרָשָׁיו וְחֵילוֹ וּפַרְעֹה הִקְרִיב וַיִּשְׂאוּ בְנֵי־יִשְׂרָאֵל אֶת־עֵינֵיהֶם וְהִנֵּה מִצְרַיִם נֹסֵעַ אַחֲרֵיהֶם וַיִּירְאוּ מְאֹד וַיִּצְעֲקוּ בְנֵי־יִשְׂרָאֵל אֶל־יְהוָה׃ (Ex14,9f)

וַיַּשִּׂיגוּ „und sie erreichten"

חֹנִים [חנה] ptz pl

הִקְרִיב „war (schon ganz) nahe"

7.4 Die Zerstörung Jerusalems und das Schicksal Zedekias aus Jer 38,28 - 39,8

ON: Jerusalem, Babel, Juda, Jericho, Ribla, Hamat
PN: Zedekia, Nebukadrezar

(28) וַיְהִי כַּאֲשֶׁר נִלְכְּדָה יְרוּשָׁלָםִ׃

„Als J. erobert worden war"
Zur Vokalisation von Jerusalem → KGr § 6b

(3) וַיָּבֹאוּ כֹּל שָׂרֵי מֶלֶךְ־בָּבֶל וַיֵּשְׁבוּ בְּשַׁעַר הַתָּוֶךְ

(4) וַיְהִי כַּאֲשֶׁר רָאָם צִדְקִיָּהוּ מֶלֶךְ־יְהוּדָה וְכֹל

רָאָם : רָאָה + Suffix 3 pl

אַנְשֵׁי הַמִּלְחָמָה
וַיִּבְרְחוּ וַיֵּצְאוּ לַיְלָה מִן־הָעִיר דֶּרֶךְ גַּן
הַמֶּלֶךְ בְּשַׁעַר בֵּין הַחֹמֹתָיִם וַיֵּלְכוּ דֶּרֶךְ
הָעֲרָבָה׃

(5) וַיִּרְדְּפוּ חֵיל־כַּשְׂדִּים אַחֲרֵיהֶם
וַיַּשִּׂגוּ אֶת־צִדְקִיָּהוּ בְּעַרְבוֹת יְרֵחוֹ וַיִּקְחוּ
אֹתוֹ וַיַּעֲלֻהוּ אֶל־נְבוּכַדְרֶאצַּר מֶלֶךְ־בָּבֶל
רִבְלָתָה בְּאֶרֶץ חֲמָת וַיְדַבֵּר אִתּוֹ מִשְׁפָּטִים׃

וַיַּשִּׂגוּ [נשׂג] „einholen“
וַיַּעֲלֻהוּ [עלה] „hinaufbringen“

(6) וַיִּשְׁחַט מֶלֶךְ בָּבֶל אֶת־בְּנֵי צִדְקִיָּהוּ בְּרִבְלָה
לְעֵינָיו וְאֵת כָּל־חֹרֵי יְהוּדָה שָׁחַט מֶלֶךְ
בָּבֶל׃

(7) וְאֶת־עֵינֵי צִדְקִיָּהוּ עִוֵּר
וַיַּאַסְרֵהוּ בַּנְחֻשְׁתַּיִם לָבִיא אֹתוֹ בָּבֶלָה׃

עִוֵּר „hatte er geblendet“
לָבִיא [בוא] zu bringen

(8) וְאֶת־בֵּית הַמֶּלֶךְ וְאֶת־בֵּית־יְהוָה וְאֶת־בָּתֵּי
הָעָם שָׂרְפוּ הַכַּשְׂדִּים בָּאֵשׁ
וְאֶת־חֹמוֹת יְרוּשָׁלִַם נִתָּצוּ׃

7.5 Aufgaben zu 7.3 und 7.4

7.5.1 Formen

Analysieren Sie sorgfältig alle Nomen-Formen. Achten Sie dabei besonders auf Segolata und auf Duale. Achten Sie in 7.3.5 und in 7.4 auch auf suffigierte Verbformen.

7.5.2 Zur Syntax der Erzählung (7.4)

Als Einleitungsformel ist וַיְהִי verwendet.

7.5.2.1 (V. 28 ist rekonstruiert.) Beschreiben Sie V. 4:

Wie ist der (temporale) Einschub zwischen וַיְהִי und dem nächsten Narrativ formuliert? Wie muss man das Tempus des eingeschobenen Satzes deutsch wiedergeben? Wo setzt im Deutschen der Hauptsatz ein?

7.5.2.2 Beobachten Sie, wo in der Erzählung weitere AK-Formen und wo Nominalsätze auftreten. Was haben Satzbau und Tempus miteinander zu tun?

7.6 Übungen zur Wortkunde: Schwache Verben

Die Liste 7 A im Vokabular stellt die bisher gelernten häufigsten (meist schwachen) Verben zusammen. Sie finden Narrativ, Partizip, AK, Wurzel und Bedeutung angegeben. (Wenn das Partizip fehlt, bedeutet das, dass es entweder nicht existiert oder vorerst nicht wichtig ist.)

7.6.1 Prägen Sie sich die Vokabeln so ein, dass Sie von den Narrativ-Formen aus auch auf die Wurzeln, AK und Partizipien schließen können und umgekehrt, vor allem, wenn man an den Narrativen die Wurzel nicht unmittelbar ablesen kann.

Die Wurzel wird - außer bei קוּם, שׁוּב und בּוֹא - ausgesprochen, indem man die Vokale des Perfekts spricht, also: כתב - „katav“.

7.6.2 Achten Sie besonders auf Verbformen mit minimalen Unterschieden, z.B:

וַיָּשֶׁב - וַיֵּשֶׁב oder: וַיַּרְא - וַיִּירָא - וַיִּקְרָא

7.6.3 Sie können eine spätere systematische Erarbeitung der schwachen Verben vorbereiten, indem Sie die alphabetisch geordneten Verben neu gruppieren:

7.6.3.1 Verben mit verhältnismäßig regelmäßiger Formenbildung:

אמר, דבר, כתב, קרא, שׁלח, שׁמע

7.6.3.2 Verben mit ה am Ende: ראה, היה, נכה, ענה, עשׂה

7.6.3.3 Verben mit e oder i im Präformativ: הלך, יצא, ירא, ירד, ישׁב

7.6.3.4 Verben mit langem a im Präformativ: בּוֹא, קוּם, שׁוּב

7.6.3.5 Verben mit Dagesch forte im ersten sichtbaren Radikal: לקח, נשׂא, נתן

7.6.4 Was fällt auf an den Partizipien der zweiten Gruppe? Was fällt auf an den Partizipien der letzten Gruppe?

Grammatik-Paragraphen:

Segolata: 21 b-d; 22 a-c — וַיְהִי: 62 l; 65 — Nominalsätze: 52

Lektion Acht

Wenn Sie diese Lektion bearbeitet haben, werden Sie

- die Bedeutung aller Suffixe kennen
- von Nomina und Partikeln mit Suffixen auf deren lexikalische Form schließen können
- vor Suffixen die Dual-, Plural- und Feminin-Zeichen der Nomina erkennen können
- אֲשֶׁר-Sätze mit und ohne Rückverweis als selbständige Sätze erfassen und dann zu deutschen Relativsätzen umformen können

---

8.1 Zur Einführung

[1] וַיִּשְׁמַע *עֶבֶד הַמֶּלֶךְ אֶל־דִּבְרֵי הַמֶּלֶךְ
וַיִּשְׁמַע עַבְדּוֹ אֶל־דְּבָרָיו
וַיֹּאמֶר הַמֶּלֶךְ שְׁמַע עַבְדִּי אֶל־דְּבָרַי

[2] אֲנַחְנוּ יוֹשְׁבֵי יְרוּשָׁלַםִ - אֲנַחְנוּ יוֹשְׁבֶיהָ -
דָּוִד מַלְכָּהּ - דָּוִד מַלְכֵּנוּ - יְהוָה אֱלֹהֵינוּ

[3] יְהוָה קָדוֹשׁ אַתָּה וֶאֱמֶת דְּבָרֶךָ
בְּנֵי אֱלֹהִים אַתֶּם וְהוּא שֹׁמֵעַ דְּבַרְכֶם

[4] עַם קָדוֹשׁ אַתָּה לַיהוָה אֱלֹהֶיךָ
בָּנִים אַתֶּם לַיהוָה אֱלֹהֵיכֶם

[5] תּוֹרַת יְהוָה טוֹבָה וְגַם יְשָׁרָה מִצְוָתוֹ
תּוֹרוֹת יְהוָה טוֹבוֹת וְגַם יְשָׁרוֹת מִצְוֹתָיו

* Von nun an wird bei Segolaten die Betonungsstelle nicht mehr angegeben.

8.2 Aufgaben zur Einführung

In den Sätzen von 8.1, die ausnahmsweise nicht der Hebräischen Bibel entnommen, sondern für diesen Zweck konstrutiert worden sind, wird gezeigt, wie Nomina im Fortgang der Texte durch Pronomina in der Form von Suffixen vertreten werden.

8.2.1 Lesen und übersetzen Sie Satz für Satz. Versuchen Sie zunächst, die Bedeutung der Suffixe (1., 2., 3. Person, Singular, Plural) dem Textzusammenhang zu entnehmen. Nehmen Sie zur Not die Tabelle am Ende von Lektion 4 oder KGr § 19 a zu Hilfe.

8.2.2 Vergleichen Sie dabei jeweils die suffigierten Nomina:

An welchem Merkmal erkennt man, ob das suffigierte Nomen im Singular steht oder nicht? An welchem Merkmal erkennt man, ob das suffigierte Nomen ein Feminin-Zeichen hat? Nennen Sie zu jedem suffigierten Nomen die lexikalische Grundform.

8.2.3 Prägen Sie sich die Suffixe anhand der Tabelle aus Lektion 4 ein. Vergleichen Sie dazu auch KGr § 19 a.

8.3 Jakob vor Pharao: aus Gen 46 und 47

(nach dem Bericht der Priesterschrift: Gen 46.6f.; 47,5-11a)

(46,6)	וַיִּקְחוּ בְּנֵי יִשְׂרָאֵל אֶת־מִקְנֵיהֶם וְאֶת־רְכוּשָׁם	
	אֲשֶׁר רָכְשׁוּ בְּאֶרֶץ כְּנַעַן וַיָּבֹאוּ מִצְרָיְמָה	ON: Kanaan
	יַעֲקֹב וְכָל־זַרְעוֹ אִתּוֹ׃	
(7)	בָּנָיו וּבְנֵי בָנָיו אִתּוֹ בְּנוֹתָיו וּבְנוֹת בָּנָיו וְכָל־	
	זַרְעוֹ הֵבִיא אִתּוֹ מִצְרָיְמָה׃	הֵבִיא „brachte er“
(47,5)	וַיָּבֹאוּ מִצְרַיִם אֶל־יוֹסֵף יַעֲקֹב וּבָנָיו	
	וַיִּשְׁמַע פַּרְעֹה מֶלֶךְ מִצְרַיִם וַיֹּאמֶר אֶל־יוֹסֵף	
	לֵאמֹר אָבִיךָ וְאַחֶיךָ בָּאוּ אֵלֶיךָ׃	בָּאוּ [בוא] 3 pl AK
(6)	אֶרֶץ מִצְרַיִם לְפָנֶיךָ הִיא בְּמֵיטַב הָאָרֶץ	
	הוֹשֵׁב אֶת־אָבִיךָ וְאֶת־אַחֶיךָ	הוֹשֵׁב „lass wohnen“
(7)	וַיָּבֵא יוֹסֵף אֶת־יַעֲקֹב וַיַּעֲמִדֵהוּ לִפְנֵי פַרְעֹה	וַיָּבֵא „brachte hinein“
	וַיְבָרֶךְ יַעֲקֹב אֶת־פַּרְעֹה׃	וַיַּעֲמִדֵהוּ „und stellte ihn“
(8)	וַיֹּאמֶר פַּרְעֹה אֶל־יַעֲקֹב כַּמָּה יְמֵי שְׁנֵי חַיֶּיךָ׃	
(9)	וַיֹּאמֶר יַעֲקֹב אֶל־פַּרְעֹה	
	יְמֵי שְׁנֵי מְגוּרַי שְׁלֹשִׁים וּמְאַת שָׁנָה	
	מְעַט וְרָעִים הָיוּ יְמֵי שְׁנֵי חַיַּי	הָיוּ [היה] 3 pl AK
	וְלֹא הִשִּׂיגוּ אֶת־יְמֵי שְׁנֵי חַיֵּי אֲבֹתַי בִּימֵי	הִשִּׂיגוּ „(sie) haben erreicht“
	מְגוּרֵיהֶם׃	
(10)	וַיְבָרֶךְ יַעֲקֹב אֶת־פַּרְעֹה וַיֵּצֵא מִלִּפְנֵי	
	פַרְעֹה׃	

(11) וַיּוֹשֵׁב יוֹסֵף אֶת־אָבִיו וְאֶת־אֶחָיו וַיִּתֵּן לָהֶם אֲחֻזָּה בְּאֶרֶץ מִצְרַיִם בְּמֵיטַב הָאָרֶץ בְּאֶרֶץ רַעְמְסֵס כַּאֲשֶׁר צִוָּה פַרְעֹה׃

וַיּוֹשֵׁב „siedelte an“
Name: Ramses
צִוָּה „(er) hatte befohlen“

8.4 Einzelsätze

[1] וַיֹּאמֶר לָהּ אֶלְקָנָה אִישָׁהּ עֲשִׂי הַטּוֹב בְּעֵינַיִךְ (1 Sam 1,23)

PN: Elkana עֲשִׂי [עשׂה] ipt f

[2] וְהַמֶּלֶךְ שְׁלֹמֹה נָתַן לְמַלְכַּת־שְׁבָא אֶת־כָּל־ חֶפְצָהּ ... וַתֵּלֶךְ לְאַרְצָהּ הִיא וַעֲבָדֶיהָ׃ (1 Kön 10,13)

ON: Saba
וַתֵּלֶךְ fem zu וַיֵּלֶךְ

[3] וְאַתָּה בֶן־אָדָם אַל־תִּירָא מֵהֶם וּמִדִּבְרֵיהֶם אַל־תִּירָא (Ez 2,6)

[4] כִּי גֵרִים אֲנַחְנוּ לְפָנֶיךָ וְתוֹשָׁבִים כְּכָל־ אֲבֹתֵינוּ כַּצֵּל יָמֵינוּ עַל־הָאָרֶץ וְאֵין מִקְוֶה׃ (1 Chr 29,15)

[5] וְתוֹרָתְךָ בְּתוֹךְ מֵעָי׃ (Ps 40,9)

[6] כָּל־מִצְוֺתֶיךָ אֱמוּנָה (Ps 119,86)

[7] וַיָּקָם דָּוִיד הַמֶּלֶךְ וַיֹּאמֶר שְׁמָעוּנִי אַחַי וְעַמִּי (1 Chr 28,2)

שְׁמָעוּנִי [שׁמע] ipt pl + Suffix

8.5 Übungen zu 8.3 und 8.4

8.5.1 Lesen und übersetzen Sie die Texte und analysieren Sie dabei alle vorkommenden Formen von Nomina mit Suffixen und Partikeln mit Suffixen.

8.5.2 Beispiel für Nomen-Analyse:

רְכוּשָׁם : רְכוּשׁ Singular m mit Suffix 3 m pl

Zu den Suffix-Formen von אָב und אָח → KGr § 24 b.

8.5.3 Beispiel für die Partikel-Analyse:

אִתּוֹ Präposition אֵת mit Suffix 3 m s.

(Das Akkusativzeichen אֵת mit Suffix wird zu אֹתוֹ!)

8.5.4 Lesen Sie zu den Präpositionen KGr § 19 o-w. Sie müssen diese Tabellen nicht auswendig lernen; Sie sollen nur in der suffigierten Form die Präposition wiedererkennen können. Achten Sie deshalb auf die Eigenheiten der Präpositionen כְּ, מִן und אֵת sowie des Akkusativzeichens אֵת.

8.6 אֲשֶׁר-Sätze

[1] [וַיֵּלֶךְ אַבְרָם] אֶל־מְקוֹם הַמִּזְבֵּחַ
אֲשֶׁר־עָשָׂה שָׁם בָּרִאשֹׁנָה וַיִּקְרָא שָׁם אַבְרָם
בְּשֵׁם יְהוָה׃ (Gen 13,4)

[2] אֵלֶּה הַחֻקִּים וְהַמִּשְׁפָּטִים וְהַתּוֹרֹת
אֲשֶׁר נָתַן יְהוָה בֵּינוֹ וּבֵין בְּנֵי יִשְׂרָאֵל בְּהַר
סִינַי בְּיַד מֹשֶׁה׃ (Lev 26,46)

[3] מִי־גוֹי גָּדוֹל
אֲשֶׁר־לוֹ אֱלֹהִים קְרֹבִים אֵלָיו כַּיהוָה
אֱלֹהֵינוּ ... וּמִי גּוֹי גָּדוֹל
אֲשֶׁר־לוֹ חֻקִּים וּמִשְׁפָּטִים צַדִּיקִם כְּכֹל
הַתּוֹרָה הַזֹּאת
אֲשֶׁר אָנֹכִי נֹתֵן לִפְנֵיכֶם הַיּוֹם׃ (Dtn 4,7)

[4] וַיִּקַּח אֵלִיָּהוּ שְׁתֵּים עֶשְׂרֵה אֲבָנִים כְּמִסְפַּר — PN: Elija
שִׁבְטֵי בְנֵי־יַעֲקֹב אֲשֶׁר הָיָה דְבַר־יְהוָה אֵלָיו
לֵאמֹר יִשְׂרָאֵל יִהְיֶה שְׁמֶךָ׃ (1 Kön 18,31) — יִהְיֶה „(er/es) wird sein“

8.7 Übungen zu 8.6

8.7.1 Fassen Sie die אֲשֶׁר-Sätze immer zuerst als selbständige Sätze auf. (Hilfsweise können Sie an der Stelle der Partikel אֲשֶׁר ein „wovon gilt:“ einfügen.)

8.7.2 Stellen Sie dann das Wort fest, auf das der אֲשֶׁר-Satz zurück verweist und beachten Sie, ob dieses Beziehungswort im אֲשֶׁר-Satz selbst durch ein Pronomen oder Suffix wieder aufgenommen wird (→ KGr § 63 e).

8.7.3 Bilden Sie erst dann einen deutschen Relativsatz und beachten Sie dabei, dass der Rückverweis in der deutschen Übersetzung nur einmal erscheinen darf.

8.8 Übung zur Wortkunde: Unregelmäßige Nomina

8.7.1 Schreiben Sie aus Gr § 24 die unregelmäßigen Nomina heraus, die bisher in Ihren Vokabeln vorgekommen sind. Prägen Sie sich ein, auf welche Unregelmäßigkeiten Sie achten müssen, wenn Sie Formen solcher Wörter analysieren.

Z.B. אָב: Auch im Singular steht vor Suffixen ein Jod, st c sing אֲבִי gegenüber Suffix-Form אָבִי, Plural auf וֹת.

*8.9 Weitere Texte zum Üben und Wiederholen

*8.9.1 Mose und sein Schwiegervater Jitro: Ex 18,1-4a.5-8a

(1a) וַיִּשְׁמַע יִתְרוֹ כֹהֵן מִדְיָן חֹתֵן מֹשֶׁה אֵת כָּל־ Name: Midian
אֲשֶׁר עָשָׂה אֱלֹהִים לְמֹשֶׁה וּלְיִשְׂרָאֵל עַמּוֹ

(2a) וַיִּקַּח יִתְרוֹ חֹתֵן מֹשֶׁה אֶת־צִפֹּרָה אֵשֶׁת־מֹשֶׁה PN: Zippora

(3) וְאֵת שְׁנֵי בָנֶיהָ אֲשֶׁר שֵׁם הָאֶחָד גֵּרְשֹׁם

(4a) וְשֵׁם הָאֶחָד אֱלִיעֶזֶר

(5) וַיָּבֹא יִתְרוֹ חֹתֵן מֹשֶׁה וּבָנָיו וְאִשְׁתּוֹ אֶל־מֹשֶׁה
אֶל־הַמִּדְבָּר אֲשֶׁר־הוּא חֹנֶה שָׁם הַר
הָאֱלֹהִים׃

(6) וַיֹּאמְרוּ אֶל־מֹשֶׁה הִנֵּה חֹתֶנְךָ יִתְרוֹ בָּא אֵלֶיךָ
וְאִשְׁתְּךָ וּשְׁנֵי בָנֶיהָ עִמָּהּ׃

(7) וַיֵּצֵא מֹשֶׁה לִקְרַאת חֹתְנוֹ וַיִּשְׁתַּחוּ וַיִּשַּׁק־לוֹ
וַיִּשְׁאֲלוּ אִישׁ־לְרֵעֵהוּ לְשָׁלוֹם וַיָּבֹאוּ הָאֹהֱלָה׃

(8a) וַיְסַפֵּר מֹשֶׁה לְחֹתְנוֹ אֵת כָּל־אֲשֶׁר עָשָׂה יְהוָה
לְפַרְעֹה וּלְמִצְרַיִם עַל אוֹדֹת יִשְׂרָאֵל

*8.9.2 Die Reichsteilung: 1 Kön 12,16-18a.19

Unter Salomos Sohn Rehabeam fallen die Nordstämme (= Israel) vom davidischen Königshaus ab. Die Volksvertreter hatten dem König ihre Forderungen nach Erleichterung der Fronarbeit vorgetragen, waren aber höhnisch abgewiesen worden.
Lesen und übersetzen Sie den Text aus der Biblia Hebraica. Unbekannte Wörter finden Sie nicht im Vokabular; benutzen Sie das Lexikon.

V.16:	וַיָּשִׁבוּ ... דָּבָר	„Sie gaben (einen) Bescheid“
	[ראה] רְאֵה	„sieh!“ - „kümmre dich um“
V.18:	[מות] וַיָּמֹת	„und er starb“

Grammatik-Paragraphen:

Suffixe: 19 a.d — Suffixe an Partikeln: 19 o-w — unregelmäßige Nomina: 24 — אֲשֶׁר: 63

Lektion Neun

Wenn Sie diese Lektion bearbeitet haben, werden Sie

- die Form-Merkmale (Präformative) der 1., 2. und 3. Person an PK-Formen (Präformativ-Konjugation) identifizieren und so auch
- PK-Formen der bisher als Narrative gelernten schwachen Verben analysieren können
- Imperative und Infinitive regelmäßiger und teilweise auch schwacher Verben sowohl isoliert als auch im Textzusammenhang erkennen können
- bestimmte Wunsch- und Begehrssätze von Aussagesätzen unterscheiden können

---

9.1 Zur Einführung: Formen der Präformativ-Konjugation

9.1.1 Textbeispiele

[1] וַיֹּאמֶר אֱלֹהִים אֶל־אַבְרָהָם
וְאַתָּה אֶת־בְּרִיתִי תִשְׁמֹר אַתָּה וְזַרְעֲךָ
אַחֲרֶיךָ׃
זֹאת בְּרִיתִי אֲשֶׁר תִּשְׁמְרוּ בֵּינִי וּבֵינֵיכֶם וּבֵין
זַרְעֲךָ אַחֲרֶיךָ הִמֹּל לָכֶם כָּל־זָכָר׃ (Gen 17,9f)

הִמֹּל [מול] „zu beschneiden“

[2] וַיֹּאמֶר יְהוֹשֻׁעַ אֶל־הָעָם
בַּחֲרוּ לָכֶם הַיּוֹם אֶת־מִי תַעֲבֹדוּ ...
וְאָנֹכִי וּבֵיתִי נַעֲבֹד אֶת־יְהוָה׃ (Jos 24,15)

בַּחֲרוּ „wählt“

[3] וָאֶשְׁמַע אֶת־קוֹל אֲדֹנָי אֹמֵר
אֶת־מִי אֶשְׁלַח וּמִי יֵלֶךְ־לָנוּ (Jes 6,8)

[4] הָבִאוּ אֶת־צַוְּארֵיכֶם בְּעֹל מֶלֶךְ־בָּבֶל וְעִבְדוּ
אֹתוֹ ...
וְאַל־תִּשְׁמְעוּ אֶל־דִּבְרֵי הַנְּבִיאִים הָאֹמְרִים
אֲלֵיכֶם לֵאמֹר לֹא תַעַבְדוּ אֶת־מֶלֶךְ בָּבֶל
(Jer 27,12b.14a)

„Steckt eure Nacken ins Joch des Königs von Babel und dient ihm ...“

9.1.2 Aufgaben

9.1.2.1 Lesen und übersetzen Sie die ersten drei Textbeispiele. Versuchen Sie in allen Texten, bei zunächst unbekannten Verbformen aus dem Textzusammenhang zu erschließen, ob eine 1., 2. oder 3. Person Subjekt des Verbs ist. Übersetzen Sie die PK-Formen mit deutschem Präsens.

9.1.2.2 Identifizieren Sie in den Verbformen die Elemente (Präformative), die jeweils die Person bezeichnen. Tragen Sie dann folgende Verbformen aus 9.1.1 in die unten vorbereitete Tabelle ein.

9.1.2.3 תִּשְׁמֹר - תִּשְׁמְרוּ - תַּעַבְדוּ - נַעֲבֹד - וָאֶשְׁמַע - אֶשְׁלַח - יֵלֵךְ

Plural	Singular	
		3. Person
		2. Person
		1. Person

Vergleichen Sie die Tabelle mit KGr § 28 c und der Tabelle am Ende der Lektion.

9.1.2.4 Übersetzen Sie das vierte Textbeispiel zuende. Bestimmen Sie dabei die Verbformen, achten Sie auf die verschiedenen Negationen.

9.2 Zur Einführung: Imperative und Infinitive

9.2.1 Textbeispiele

וַיֹּאמֶר יְהוָה אֶל־הַשָּׂטָן הִנּוֹ בְיָדֶךָ אַךְ אֶת־נַפְשׁוֹ שְׁמֹר׃ (Hi 2,6)

[1] JHWH sagte zum Satan: Siehe, er ist in deiner Hand. Nur sein Leben schone!

וַתִּקְרָא אִשָּׁה חֲכָמָה מִן־הָעִיר שִׁמְעוּ שִׁמְעוּ אִמְרוּ־נָא אֶל־יוֹאָב קְרַב עַד־הֵנָּה (2 Sam 20,16)

[2] Da rief eine kluge Frau aus der Stadt: Hört! Hört! Sagt doch zu Joab: Komm heran bis hierher!

וַיְצַו יְהוֹשֻׁעַ הָאֲנָשִׁים הַהֹלְכִים לִכְתֹּב אֶת־הָאָרֶץ (Jos 18,8)

[3] Und Josua befahl den Männern, die losgingen, das Land aufzuschreiben.

9.2.2 Aufgaben

9.2.2.1 Lesen Sie die Textbeispiele und vergleichen Sie die Übersetzungen. Markieren Sie die hebräischen Wörter, die Imperative sein müssen.

9.2.2.2 Schreiben Sie die Singular-Formen hier zwischen die Formen der Afformativ- und der Präformativkonjugation:

AK	Imperativ	PK
שָׁמַר		תִּשְׁמֹר
קָרַב		תִּקְרַב

9.2.2.3 Schreiben Sie auch die Plural-Formen zwischen die entsprechenden AK- und PK-Formen:

AK	Imperativ	PK
שָׁמְעוּ		תִּשְׁמְעוּ
אָמְרוּ		-

9.2.2.4 Beschreiben Sie Unterschiede und Gemeinsamkeiten.

Als Grundregel kann gelten:

Imperativ gleich Präformativ-Konjugation minus Präformativ; also: **I = PK - P**

9.2.2.5 Welche Verbform in Satz 3 muss ein Infinitiv sein? Wie verhält sie sich zu den Imperativ-Formen?

Welche Funktion hat לְ?

9.3 Präformativ-Konjugation in der Erzählung und im Dialog – vier Texte

9.3.1 Der Grenzvertrag zwischen Laban und Jakob nach dem Bericht des Jahwisten in Gen 31

(46) וַיֹּאמֶר יַעֲקֹב לְאֶחָיו לִקְטוּ אֲבָנִים וַיִּקְחוּ
אֲבָנִים וַיַּעֲשׂוּ גָל וַיֹּאכְלוּ שָׁם עַל הַגָּל׃

(48) וַיֹּאמֶר לָבָן הַגַּל הַזֶּה עֵד בֵּינִי וּבֵינְךָ הַיּוֹם

(52) אִם hier = „dass“ אִם־אָנִי לֹא־אֶעֱבֹר אֵלֶיךָ אֶת־הַגַּל הַזֶּה
וְאִם־אַתָּה לֹא־תַעֲבֹר אֵלַי אֶת־הַגַּל הַזֶּה
לְרָעָה׃

(53) PN: Nahor אֱלֹהֵי אַבְרָהָם וֵאלֹהֵי נָחוֹר יִשְׁפְּטוּ בֵּינֵינוּ

9.3.2 David und Jonatan: 1 Sam 23,16-18

(16) וַיָּקָם יְהוֹנָתָן בֶּן־שָׁאוּל וַיֵּלֶךְ אֶל־דָּוִד חֹרְשָׁה וַיְחַזֵּק אֶת־יָדוֹ בֵּאלֹהִים׃
ON: Horesch

(17) וַיֹּאמֶר אֵלָיו אַל־תִּירָא כִּי לֹא תִמְצָאֲךָ יַד שָׁאוּל אָבִי וְאַתָּה תִּמְלֹךְ עַל־יִשְׂרָאֵל וְאָנֹכִי אֶהְיֶה־לְּךָ לְמִשְׁנֶה וְגַם שָׁאוּל אָבִי יֹדֵעַ כֵּן׃
תִמְצָאֲךָ [מצא] „(sie) findet dich“; אֶהְיֶה [היה]

(18) וַיִּכְרְתוּ שְׁנֵיהֶם בְּרִית לִפְנֵי יְהוָה וַיֵּשֶׁב דָּוִד בַּחֹרְשָׁה וִיהוֹנָתָן הָלַךְ לְבֵיתוֹ׃

9.3.3 Moses Stab: Ex 4,1-4

(1) וַיַּעַן מֹשֶׁה וַיֹּאמֶר וְהֵן לֹא־יַאֲמִינוּ לִי וְלֹא יִשְׁמְעוּ בְּקֹלִי כִּי יֹאמְרוּ לֹא נִרְאָה אֵלֶיךָ יְהוָה׃
יַאֲמִינוּ [אמן] „glauben“
נִרְאָה [ראה] „ist erschienen“

(2) וַיֹּאמֶר אֵלָיו יְהוָה מַזֶּה בְיָדֶךָ וַיֹּאמֶר מַטֶּה׃

(3) וַיֹּאמֶר הַשְׁלִיכֵהוּ אַרְצָה וַיַּשְׁלִיכֵהוּ אַרְצָה וַיְהִי לְנָחָשׁ וַיָּנָס מֹשֶׁה מִפָּנָיו׃
הַשְׁלִיכֵהוּ (ipt) „wirf ihn“
וַיַּשְׁלִיכֵהוּ (Narrativ) s.o.

(4) וַיֹּאמֶר יְהוָה אֶל־מֹשֶׁה שְׁלַח יָדְךָ וֶאֱחֹז בִּזְנָבוֹ וַיִּשְׁלַח יָדוֹ וַיַּחֲזֶק־בּוֹ וַיְהִי לְמַטֶּה בְּכַפּוֹ׃
וַיַּחֲזֶק־בְּ „und (er) ergriff“

9.3.4 Bitte um Vergebung: Psalm 25,6f

(6) זְכֹר־רַחֲמֶיךָ יְהוָה וַחֲסָדֶיךָ
כִּי מֵעוֹלָם הֵמָּה׃

(7) חַטֹּאות נְעוּרַי אַל־תִּזְכֹּר
כְּחַסְדְּךָ זְכָר־לִי־אַתָּה
לְמַעַן טוּבְךָ יְהוָה׃

9.4 Übungen zu 9.3

9.4.1 Analysieren Sie alle Verbformen nach Person und Tempus.

9.4.2 Beobachten Sie, wie die Tempora (Narrativ, PK, Imperativ) auf die Redeformen (Erzählung des Erzählers - Dialog der handelnden Personen) verteilt sind. Woran ist der Übergang von der Erzählung zum Dialog zu erkennen, woran der Übergang vom Dialog zur Erzählung?

9.4.3 Analysieren Sie auch:

יִבְרָא - בְּרַח - וְנִכְתֹּב - וָאֶזְכֹּר - וְאֶשְׁמַע

מְלֹךְ - תִּמְצָא - פִּקְדוּ - אֶקְרָא - וַתִּקְבְּרוּ - נִשְׂרֹף

לִשְׁבֹּת - תִּשְׁלַח - שִׁמְרוּ - לִשְׁפֹּט

9.4.4 Vergleichen Sie:

כְּתֹב mit שְׁלַח, תִּכְתֹּב mit תַּעֲבֹד, אֶכְתֹּב mit אֶעֱבֹר, וּכְתֹב mit וֶאֱחֹז.

Beschreiben und erklären Sie die Aussprache-Varianten (→ KGr § 10).

9.5 Israel und Edom: Num 20,14-18

(14)	וַיִּשְׁלַח מֹשֶׁה מַלְאָכִים מִקָּדֵשׁ אֶל־מֶלֶךְ	ON: Kadesch
	אֱדוֹם לֵאמֹר ... אַתָּה יָדַעְתָּ אֵת כָּל־	יָדַעְתָּ „du hast erfahren“
	הַתְּלָאָה אֲשֶׁר מְצָאָתְנוּ׃	מְצָאָתְנוּ „hat uns getroffen“
(15)	וַיֵּרְדוּ אֲבֹתֵינוּ מִצְרַיְמָה וַנֵּשֶׁב בְּמִצְרַיִם יָמִים	
	רַבִּים וַיָּרֵעוּ לָנוּ מִצְרַיִם וְלַאֲבֹתֵינוּ׃	וַיָּרֵעוּ „taten Böses“
(16)	וַנִּצְעַק אֶל־יְהוָה וַיִּשְׁמַע קֹלֵנוּ וַיִּשְׁלַח מַלְאָךְ	
	וַיֹּצִאֵנוּ מִמִּצְרָיִם	וַיֹּצִאֵנוּ „und führte uns heraus“
	וְהִנֵּה אֲנַחְנוּ בְקָדֵשׁ עִיר קְצֵה גְבוּלֶךָ׃	
(17)	נַעֲבָר־נָא בְאַרְצֶךָ לֹא נַעֲבֹר בְּשָׂדֶה וּבְכֶרֶם	
	וְלֹא נִשְׁתֶּה מֵי בְאֵר דֶּרֶךְ הַמֶּלֶךְ נֵלֵךְ לֹא	
	נִטֶּה יָמִין וּשְׂמֹאול עַד אֲשֶׁר נַעֲבֹר גְּבוּלֶךָ׃	נִטֶּה [נטה] „wir weichen ab“
(18)	וַיֹּאמֶר אֵלָיו אֱדוֹם	
	לֹא תַעֲבֹר בִּי פֶּן־בַּחֶרֶב אֵצֵא לִקְרָאתֶךָ׃	

9.6 Formen-Übung: Schwache Verben

9.6.1 Analysieren Sie auch im Text 9.5 alle PK-Formen. Achten Sie besonders auf die schwachen Verbformen נִשְׁתֶּה, נֵלֵךְ und אֵצֵא. Wenn Sie sich an die Narrativ-Formen וַיֵּלֶךְ und וַיֵּצֵא erinnern, können Sie sie analysieren.

9.6.2 Analysieren Sie auch die folgenden Verbformen, indem Sie sie den bekannten Narrativ-Formen (Vok 7A) zuordnen:

תָּבוֹא אֲדַבֵּר תִּירָא תֵּלְכוּ נַעֲשֶׂה תִּקְחוּ נֵרֵד תֵּשֵׁב תָּשׁוּבוּ אֶתֵּן תַּעַשׂ

9.6.3 Die Faustregel von Lektion 9.2.2.4 gilt auch für die meisten schwachen Verben. Was bedeuten also:

קַח בּוֹא צֵא תְּנוּ שֵׁב שׁוּב שָׂא רְדוּ

9.6.4 Kontrollieren Sie Ihre Vokabelkenntnisse und wiederholen Sie mit Hilfe der Liste 9 A im Vokabular.

*9.7 Weitere Übungssätze

[1] אִם־יְהוָה לֹא־יִשְׁמָר־עִיר שָׁוְא שָׁקַד שׁוֹמֵר׃
(Ps 127,1b)

[2] אִם־עֲוֹנוֹת תִּשְׁמָר־יָהּ אֲדֹנָי מִי יַעֲמֹד׃
(Ps 130,3)

[3] אָנֹכִי אָנֹכִי הוּא מֹחֶה פְשָׁעֶיךָ
לְמַעֲנִי חַטֹּאתֶיךָ לֹא אֶזְכֹּר׃ (Jes 43,25)

[4] וַיִּתְקַע [אֵהוּד] בַּשּׁוֹפָר בְּהַר אֶפְרָיִם
וַיֵּרְדוּ עִמּוֹ בְנֵי־יִשְׂרָאֵל מִן־הָהָר וְהוּא
לִפְנֵיהֶם׃
וַיֹּאמֶר אֲלֵיהֶם רִדְפוּ אַחֲרַי כִּי־נָתַן יְהוָה
אֶת־אֹיְבֵיכֶם אֶת־מוֹאָב בְּיֶדְכֶם וַיֵּרְדוּ אַחֲרָיו
וַיִּלְכְּדוּ אֶת־מַעְבְּרוֹת הַיַּרְדֵּן לְמוֹאָב
וְלֹא־נָתְנוּ אִישׁ לַעֲבֹר׃ (Ri 3,27-28)

Namen: Ehud, Efraim, Moab, Jordan

Grammatik-Paragraphen:

Gebrauch der PK: 28 e — Tabellen: 28 c.i — Imperativ und Infinitiv: 28 n; 30 — Verneinungs-Partikeln: 53 j

PK, Imperative und Infinitive im Grundstamm (Qal)

	Singular	Präformative	Plural	Präformative
3m	יִקְטֹל	יִ	יִקְטְלוּ	יִ ... וּ
3f	תִּקְטֹל	תִּ	תִּקְטֹלְנָה	תִּ ... נָה
2m	תִּקְטֹל	תִּ	תִּקְטְלוּ	תִּ ... וּ
2f	תִּקְטְלִי	תִּ ... ִי	תִּקְטֹלְנָה	תִּ ... נָה
1c	אֶקְטֹל	אֶ	נִקְטֹל	נִ

Daneben gibt es auch PK-Bildungen nach dem Muster יִכְבַּד . Hier erscheint immer dann ein a, wenn bei dem Muster יִקְטֹל ein o steht.

Imperative (= PK 2. Person ohne Präformativ)

m s	קְטֹל	m pl	קִטְלוּ
f s	קִטְלִי	f pl	קְטֹלְנָה

Infinitiv	constructus	קְטֹל
	absolutus	קָטֹל

Lektion Zehn

Wenn Sie diese Lektion bearbeitet haben, werden Sie

- die Form-Merkmale (Afformative) der Afformativkonjugation wiederholt haben
- die syntaktische Funktion der AK-Form (Perfekt) in den verschiedenen Redeformen erkennen und in die deutsche Übersetzung einbringen können
- AK-consecutiv-Formen von AK-Formen unterscheiden und im jeweiligen Kontext richtig beziehen können
- Form und Syntax des absoluten Infinitivs erkennen und anwenden können

---

10.1 Zur Einführung: Formen der Afformativ-Konjugation (Perfekt)

10.1.1 Textbeispiele

[1] וַיּוֹכַח אַבְרָהָם אֶת־אֲבִימֶלֶךְ עַל־אֹדוֹת בְּאֵר
הַמַּיִם אֲשֶׁר גָּזְלוּ עַבְדֵי אֲבִימֶלֶךְ׃
וַיֹּאמֶר אֲבִימֶלֶךְ
לֹא יָדַעְתִּי מִי עָשָׂה אֶת־הַדָּבָר הַזֶּה
וְגַם אַתָּה לֹא הִגַּדְתָּ לִּי וְגַם אָנֹכִי לֹא
שָׁמַעְתִּי בִּלְתִּי הַיּוֹם׃ (Gen 21,25f)

וַיּוֹכַח [יכח] „machte Vorhaltungen“
PN: Abimelech

[2] וַיֹּאמֶר שְׁמוּאֵל אֶל־כָּל־יִשְׂרָאֵל
הִנֵּה שָׁמַעְתִּי בְקֹלְכֶם לְכֹל אֲשֶׁר־אֲמַרְתֶּם לִי
(1 Sam 12,1)

PN: Samuel

[3] וַיַּעֲנוּ אֶת־יְהוֹשֻׁעַ לֵאמֹר
כְּכֹל אֲשֶׁר־שָׁמַעְנוּ אֶל־מֹשֶׁה כֵּן נִשְׁמַע אֵלֶיךָ
(Jos 1,16a.17a)

PN: Josua

10.1.2 Aufgaben

10.1.2.1 Lesen und übersetzen Sie die Textbeispiele. Versuchen Sie in allen Texten, bei zunächst unbekannten Verbformen aus dem Textzusammenhang zu erschließen, ob es eine 1., 2. oder 3. Person Subjekt des Verbs ist.

10.1.2.2 Identifizieren Sie an den Verbformen die Endung (Afformativ), die jeweils die Person bezeichnet. Tragen Sie dann die folgenden Verbformen aus 10.1.1 in die auf der nächsten Seite vorbereitete Tabelle ein:

גָּזְלוּ - יָדַעְתִּי - אָמַרְתָּ - אֲמַרְתֶּם - שָׁמַעְנוּ - [אָמַר]

10.1.2.3

Plural	Singular	
		3. Person
		2. Person
		1. Person

Vergleichen Sie die Tabelle mit KGr § 29 c.

10.2 Gott, halte dein Versprechen! 1 Kön 8,22-26

Aus dem Tempel-Weihgebet Salomos

(22) וַיַּעֲמֹד שְׁלֹמֹה לִפְנֵי מִזְבַּח יְהוָה נֶגֶד כָּל־
קְהַל יִשְׂרָאֵל וַיִּפְרֹשׂ כַּפָּיו הַשָּׁמָיִם׃

(23) וַיֹּאמַר יְהוָה אֱלֹהֵי יִשְׂרָאֵל אֵין־כָּמוֹךָ
אֱלֹהִים בַּשָּׁמַיִם מִמַּעַל וְעַל־הָאָרֶץ מִתָּחַת
שֹׁמֵר הַבְּרִית וְהַחֶסֶד לַעֲבָדֶיךָ הַהֹלְכִים
לְפָנֶיךָ בְּכָל־לִבָּם׃

(24) אֲשֶׁר שָׁמַרְתָּ לְעַבְדְּךָ דָּוִד אָבִי אֵת אֲשֶׁר־
דִּבַּרְתָּ לוֹ וַתְּדַבֵּר בְּפִיךָ וּבְיָדְךָ מִלֵּאתָ כַּיּוֹם
הַזֶּה׃

(25) וְעַתָּה יְהוָה אֱלֹהֵי יִשְׂרָאֵל
שְׁמֹר לְעַבְדְּךָ דָוִד אָבִי אֵת אֲשֶׁר דִּבַּרְתָּ לוֹ
לֵאמֹר לֹא יִכָּרֵת לְךָ אִישׁ מִלְּפָנַי יֹשֵׁב עַל־ — יִכָּרֵת [כרת Nif`al] „fehlen“
כִּסֵּא יִשְׂרָאֵל רַק אִם־יִשְׁמְרוּ בָנֶיךָ אֶת־דַּרְכָּם
לָלֶכֶת לְפָנַי כַּאֲשֶׁר הָלַכְתָּ לְפָנָי׃

(26) וְעַתָּה אֱלֹהֵי יִשְׂרָאֵל יֵאָמֶן נָא דְּבָרְךָ אֲשֶׁר
דִּבַּרְתָּ לְעַבְדְּךָ דָּוִד אָבִי׃

יֵאָמֶן [אמן Nif`al] „in Erfüllung gehen“

10.3 Übungen

10.3.1 Verbformen

Analysieren Sie alle Verbformen nach Person und Tempus. Achten Sie dabei vor allem auf die Afformative und Präformative. Vokale sind vorerst nur beim Vergleich von Imperativen mit AK-Formen der 3. Person wichtig.

10.3.2 Gliederung und Tempora

Wie sind Partizipien, AK- und PK-Formen im Text verteilt?

Der Narrativ וַתְּדַבֵּר in V. 24 ist keine „Erzählung“. Durch welche sprachlichen Elemente wird solches Missverständnis ausgeschlossen? Mit welchem deutschen Tempus muss man den Narrativ wiedergeben?

10.4 Zur Einführung: Weitere Verbformen

10.4.1 Textbeispiele

[1] הַדָּבָר אֲשֶׁר הָיָה אֶל־יִרְמְיָהוּ מֵאֵת יְהוָה PN: Jeremia

לֵאמֹר׃ עֲמֹד בְּשַׁעַר בֵּית יְהוָה

וְקָרָאתָ שָּׁם אֶת־הַדָּבָר הַזֶּה וְאָמַרְתָּ

שִׁמְעוּ דְבַר־יְהוָה כָּל־יְהוּדָה ... (Jer 7,1f)

[2] [וַיֹּאמֶר שָׁאוּל אֶל־דָּוִד] הִנֵּה יָדַעְתִּי כִּי מָלֹךְ

תִּמְלוֹךְ (1 Sam 24,21)

10.4.2 Aufgaben

10.4.2.1 Gehen Sie in Beispiel [1] Satz für Satz vor: Bestimmen Sie zunächst die Verbformen in den ersten beiden und der 4. Zeile, und übersetzen Sie diese Sätze.

10.4.2.2 Bestimmen Sie dann die Verbformen in der dritten Zeile und überlegen Sie, wie diese beiden Sätze in den übrigen Zusammenhang hineingehören. Lesen Sie erst dann in der Grammatik nach (KGr § 26 e.f; 29 g: AK consecutivum).

10.4.2.3 Lesen Sie Beispiel [2], konsultieren Sie wegen der Verbformen KGr § 31 und überlegen Sie, wie die hebräische Fügung am besten deutsch wiederzugeben ist.

10.5 Drei Texte zum Üben

10.5.1 Jeremia zerbricht den Tonkrug: Jer 19,1-2a.10f.14f

(1) כֹּה אָמַר יְהוָה אֶל־יִרְמְיָהוּ

[קנה] קָנִיתָ הָלוֹךְ וְקָנִיתָ בַקְבֻּק יוֹצֵר חָרֶשׂ

וְלָקַחְתָּ אִתְּךָ מִזִּקְנֵי הָעָם וּמִזִּקְנֵי הַכֹּהֲנִים׃

(2) וְיָצָאתָ אֶל־גֵּיא בֶן־הִנֹּם אֲשֶׁר פֶּתַח שַׁעַר הַחַרְסִית

ON: Im Tal „Ben Hinnom“ im Süden von Jerusalem lag „Tóphet“, die Kultstätte eines fremden Gottes

(10) וְשָׁבַרְתָּ הַבַּקְבֻּק לְעֵינֵי הָאֲנָשִׁים הַהֹלְכִים אֹתָךְ׃

(11) וְאָמַרְתָּ אֲלֵיהֶם כֹּה אָמַר יְהוָה צְבָאוֹת כָּכָה אֶשְׁבֹּר אֶת־הָעָם הַזֶּה וְאֶת־הָעִיר הַזֹּאת כַּאֲשֶׁר יִשְׁבֹּר אֶת־כְּלִי הַיּוֹצֵר אֲשֶׁר לֹא יוּכַל לְהֵרָפֵא עוֹד וּבְתֹפֶת יִקְבְּרוּ מֵאֵין מָקוֹם לִקְבּוֹר׃

יוּכַל [יכל]

לְהֵרָפֵא (inf) repariert werden

(14) וַיָּבֹא יִרְמְיָהוּ מִפֶּתַח הַשַּׁעַר אֲשֶׁר שְׁלָחוֹ יְהוָה שָׁם ... וַיַּעֲמֹד בַּחֲצַר בֵּית־יְהוָה וַיֹּאמֶר אֶל־כָּל־הָעָם׃

(15) כֹּה־אָמַר יְהוָה צְבָאוֹת אֱלֹהֵי יִשְׂרָאֵל הִנְנִי מֵבִיא עַל־הָעִיר הַזֹּאת וְעַל־כָּל־עָרֶיהָ אֵת כָּל־הָרָעָה אֲשֶׁר דִּבַּרְתִּי עָלֶיהָ כִּי הִקְשׁוּ אֶת־עָרְפָּם לְבִלְתִּי שְׁמוֹעַ אֶת־דְּבָרָי׃

מֵבִיא [בוא] ptz Hif`il „kommen lassen“

הִקְשׁוּ [קשה] „sie haben steif gemacht“

10.5.1.1 Formenanalysen:
Analysieren Sie alle Verbformen nach Person und Tempus.

10.5.1.2 Zur Syntax:
In Vers 1 vertritt der absolute Infinitiv eine andere Verbform. Wie müssen also die folgerndern AK consecutiva vestanden werden?
Achten Sie darauf, wie der Text durch den unterschiedlichen Tempusgebrauch gegliedert ist. Auch die Gottesreden in V. 11 und V. 15 unterscheiden sich in Bezug auf den Tempusgebrauch.

10.5.2 „Sch^{e}ma` Jisrael“: Dtn 6,4-6

(4) שְׁמַע יִשְׂרָאֵל יְהוָה אֱלֹהֵינוּ יְהוָה אֶחָד׃

(5) וְאָהַבְתָּ אֵת יְהוָה אֱלֹהֶיךָ בְּכָל־לְבָבְךָ וּבְכָל־נַפְשְׁךָ וּבְכָל־מְאֹדֶךָ׃

(6) וְהָיוּ הַדְּבָרִים הָאֵלֶּה אֲשֶׁר אָנֹכִי מְצַוְּךָ הַיּוֹם עַל־לְבָבֶךָ׃

וְהָיוּ [היה] AK cons

מְצַוְּךָ [צוה] „befehlen“ ptz Pi`el + suf

10.5.2.1 Was ist hier Voraussetzung, was Folge?
Überlegen Sie die richtige deutsche Konjunktion für ו in V. 5 und benutzen Sie evtl. Modalverben, um das Gemeinte im Deutschen richtig wiederzugeben.

10.6 Formen-Übungen

10.6.1 Vergleichen Sie:

שָׁמְרוּ - שִׁמְרוּ　　　　שַׁמַר - שְׁמֹר - שֹׁמֵר

Welches sind die Unterscheidungsmerkmale?

10.6.2 Analysieren Sie entsprechend:

שָׁבַר - שְׁבֹר - שֹׁבֵר / עֲמֹד - עֹמֵד

כָּתְבוּ - כִּתְבוּ / שָׁמְעוּ - שִׁמְעוּ / בָּחֲרוּ - בַּחֲרוּ

*10.7 Texte für die weitere Übung

*10.7.1 Ein Kriegsbericht: Dtn 2,32-35

Lesen und übersetzen Sie aus der Biblia Hebraica. Benutzen Sie das Lexikon.

PN: Sihon, ON: Jahaz

V. 33	Ketib / Qeré	→ KGr § 6
	וַיִּתְּנֵם	וַיִּתֵּן + suf
	וַנַּךְ	vgl. וַיַּךְ
V. 34	וַנַּחֲרֵם	חרם Hif`il
	מְתִם	„Männer“
	הִשְׁאַרְנוּ	שׁאר Hif`il

*10.7.2 Isaak bei den Philistern: Gen 26,1-11

Auch diesen Text können Sie mit wenigen Hilfen verstehen. Lesen Sie ihn in der Biblia Hebraica, und benutzen Sie für unbekannte Wörter das Lexikon. Hier folgen die nötigen Erklärungen:

V. 2	וַיֵּרָא	erscheinen
V. 3	הָאֵל	= הָאֵלֶּה
V. 3	וַהֲקִמֹתִי	hier: erfüllen / wahr machen
V. 4	וְהִרְבֵּיתִי	zahlreich machen
	וְהִתְבָּרֲכוּ	„werden gesegnet“
V. 8	שׁקף	hereinschauen
	מְצַחֵק	(ptz) liebkosen
V. 10	וְהֵבֵאתָ	hereinbringen
V. 11	מוֹת יוּמָת	„muss getötet werden“

10.8 Übung zu Wortkunde

Bilden Sie zum Vokabellernen Sinnzusammenhänge durch Sachgruppen. Wiederholen Sie z.B. alle Wörter, die mit dem Verhältnis des Menschen zu Gott und mit der Lebensführung vor Gott zu tun haben. Die können Sie dann wieder ein wenig gruppieren, z.B.:

10.8.1 אהב - אֱמוּנָה - אֱמֶת - בחר - חֶסֶד

10.8.2 בְּרִית - כרת בְּרִית - זכר - חֹק - מִצְוָה - מִשְׁפָּט - שׁפט - תּוֹרָה

10.8.3 ברך - בָּרוּךְ - לֵב - נֶפֶשׁ - מְאֹד - מִקְוֶה - יָשָׁר - רָשָׁע - הלך
בִּדְרָכוֹ - קרא בְּשֵׁם יְהוָה - בְּכָל־לְבָבְךָ

10.8.4 עוֹלָם - קָדוֹשׁ - צֶדֶק - צְדָקָה - צַדִּיק

Grammatik-Paragraphen:

AK: 29 a-f — AK consecutivum: 29 g-h — Tempusgebrauch: 26 d-i — absoluter Infinitiv: 31; 57 l-m; 60 c-d — וְהָיָה: 62 l; 65 h; 66 d — Ketib/Qere: 6

Lektion Elf

Wenn Sie diese Lektion bearbeitet haben, werden Sie

- Suffix-Formen von Infinitiven des regelmäßigen, starken Verbs analysieren und von denen der Partizipien unterscheiden können
- im Textzusammenhang Infinitive von Imperativen unterscheiden können
- Infinitiv-Konstruktionen mit Präpositionen übersetzen können
- Verbformen mit He cohortativum analysieren können
- die Ausdrucksmittel für Wunsch, Absicht, Aufforderung im Text erkennen und in die Übersetzung einbringen können

---

11.1 Zur Einführung

[1] וַיְהִי דְבַר־יְהוָה אֶל־יִרְמְיָהוּ PN: Jeremia, Baruch
אַחֲרֵי שְׂרֹף הַמֶּלֶךְ אֶת־הַמְּגִלָּה וְאֶת־הַדְּבָרִים
אֲשֶׁר כָּתַב בָּרוּךְ מִפִּי יִרְמְיָהוּ לֵאמֹר׃
שׁוּב קַח־לְךָ מְגִלָּה אַחֶרֶת וּכְתֹב עָלֶיהָ אֵת
כָּל־הַדְּבָרִים הָרִאשֹׁנִים (Jer 36,27f)

[2] וַיִּשְׁלַח שָׁאוּל מַלְאָכִים אֶל־בֵּית דָּוִד לְשָׁמְרוֹ PN: Saul, David
(1 Sam 19,11)

[3] אָמַרְתִּי אֶשְׁמְרָה דְרָכַי מֵחֲטוֹא בִלְשׁוֹנִי
(Ps 39,2)

[4] הָלֹךְ הָלְכוּ הָעֵצִים לִמְשֹׁחַ עֲלֵיהֶם מֶלֶךְ
וַיֹּאמְרוּ לַזַּיִת מָלְכָה עָלֵינוּ׃ (Ri 9,8)

11.2 Aufgaben zur Einführung

11.2.1 Verbformen im Text

11.2.1.1 Lassen Sie sich immer vom Textzusammenhang leiten, wenn Sie Infinitive und Imperative identifizieren und unterscheiden wollen.

11.2.1.2 **Übersetzung von Infinitiven mit Suffixen:**

zuerst imitieren, also z.B.: אַחֲרֵי שְׂרֹף = „nach dem Verbrennen“,
dann Nebensatz, also z.B.: „nachdem … verbrannt hatte“.
Welche „Imitation“ kann man auf Deutsch beibehalten?

11.2.2 Analyse von Formen

11.2.2.1 Beschreiben Sie die Formen אֶשְׁמְרָה (Satz 11.1.3) und מָלְכָה (Satz 11.1.4). dazu KGr § 26 l.

11.2.2.2 Welches sind die Unterscheidungsmerkmale zwischen:

Infinitiv	שְׁמֹר	und Partizip	שֹׁמֵר
Infinitiv mit Suffix	שָׁמְרוֹ	und Ptz m suf	שֹׁמְרוֹ

sowie dem Imperativ mit He cohortativum שָׁמְרָה?

11.2.2.3 Analysieren Sie jeweils nebeneinander:

כְּתָבִים - כֹּתְבָה - כְּתָבָה - כְּתֻבָה

מָלְכָה - לְמָלְכוֹ

יִשְׁבֹּר - לִשְׁבֹּר - וּשְׁבֹר - וּלְשָׁבְרוֹ - שָׁבְרָה - שָׁבְרוּ

11.3 Drei Männer bei Abram: Gen 18,1-5

(1) וַיֵּרָא אֵלָיו יְהוָה בְּאֵלֹנֵי מַמְרֵא וְהוּא יֹשֵׁב
פֶּתַח הָאֹהֶל כְּחֹם הַיּוֹם׃

ON: Mamre
וַיֵּרָא אֵלָיו „ihm erschien“

(2) וַיִּשָּׂא עֵינָיו וַיַּרְא וְהִנֵּה שְׁלֹשָׁה אֲנָשִׁים נִצָּבִים
עָלָיו וַיַּרְא וַיָּרָץ לִקְרָאתָם מִפֶּתַח הָאֹהֶל
וַיִּשְׁתַּחוּ אָרְצָה׃

נִצָּבִים [נצב Ptz Nif]
„stehen“

(3) וַיֹּאמַר
אֲדֹנָי אִם־נָא מָצָאתִי חֵן בְּעֵינֶיךָ
אַל־נָא תַעֲבֹר מֵעַל עַבְדֶּךָ׃

(4) יֻקַּח־נָא מְעַט־מַיִם
וְרַחֲצוּ רַגְלֵיכֶם וְהִשָּׁעֲנוּ תַּחַת הָעֵץ׃

יֻקַּח [לקח] Passiv
הִשָּׁעֲנוּ [שען] Impt „ruht aus“

(5) וְאֶקְחָה פַת־לֶחֶם וְסַעֲדוּ לִבְּכֶם
אַחַר תַּעֲבֹרוּ כִּי־עַל־כֵּן עֲבַרְתֶּם עַל־עַבְדְּכֶם
וַיֹּאמְרוּ כֵּן תַּעֲשֶׂה כַּאֲשֶׁר דִּבַּרְתָּ׃

11.4 Prophetenwort über das davidische Königshaus: Jer 22,1-5

(1) כֹּה אָמַר יְהוָה רֵד בֵּית־מֶלֶךְ יְהוּדָה וְדִבַּרְתָּ
שָׁם אֶת־הַדָּבָר הַזֶּה׃

רֵד [ירד] Imperativ

וְאָמַרְתָּ	(2)	
שְׁמַע דְּבַר־יְהוָה מֶלֶךְ יְהוּדָה הַיֹּשֵׁב עַל־		
כִּסֵּא דָוִד אַתָּה וַעֲבָדֶיךָ וְעַמְּךָ הַבָּאִים		הַבָּאִים → Vok 7 A
בַּשְּׁעָרִים הָאֵלֶּה׃		
כֹּה אָמַר יְהוָה	(3)	עֲשׂוּ [עשׂה] Imperativ
עֲשׂוּ מִשְׁפָּט וּצְדָקָה וְהַצִּילוּ גָזוּל מִיַּד עוֹשְׁקוֹ		הַצִּילוּ [נצל Hif] „rettet“
וְגֵר יָתוֹם וְאַלְמָנָה אַל־תֹּנוּ וְאַל־תַּחְמֹסוּ וְדָם		תֹּנוּ [ינה Hif] „(ihr) plagt“
נָקִי אַל־תִּשְׁפְּכוּ בַּמָּקוֹם הַזֶּה׃		
כִּי אִם־עָשׂוֹ תַּעֲשׂוּ אֶת־הַדָּבָר הַזֶּה	(4)	עָשׂוֹ תַּעֲשׂוּ beides von עשׂה
וּבָאוּ בְשַׁעֲרֵי הַבַּיִת הַזֶּה מְלָכִים		
יֹשְׁבִים לְדָוִד עַל־כִּסְאוֹ רֹכְבִים בָּרֶכֶב		
וּבַסּוּסִים׃		
וְאִם לֹא תִשְׁמְעוּ אֶת־הַדְּבָרִים הָאֵלֶּה	(5)	
בִּי נִשְׁבַּעְתִּי נְאֻם־יְהוָה כִּי לְחָרְבָּה יִהְיֶה		נִשְׁבַּעְתִּי [שׁבע Nif] „ich habe geschworen“
הַבַּיִת הַזֶּה׃		

11.5 Übungen zu 11.3 und 11.4

11.5.1 Gehen Sie bei der Übersetzung des Dialogs in Gen 18 Satz für Satz vor; analysieren Sie alle Verbformen.

11.5.2 Notieren Sie jeweils das sprachliche Element, das Wunsch, Absicht oder Aufforderung ausdrückt.

11.5.3 Beachten Sie, dass im Deutschen Imperative und Modalverben auch gebraucht werden können, wenn es sich nicht um eine Aufforderung handelt (Vers 5).

11.5.4 Verfahren Sie ebenso mit dem Text 11.4. Beachten Sie hier auch die Funktionen der AK-Consecutiv-Formen und des absoluten Infinitivs.

11.6 „Schibbolet“: Ri 12,5-6

וַיִּלְכֹּד גִּלְעָד אֶת־מַעְבְּרוֹת הַיַּרְדֵּן לְאֶפְרָיִם	(5)	Namen: Gilead, Jordan, Efraim, Efraimiter
וְהָיָה כִּי יֹאמְרוּ פְּלִיטֵי אֶפְרַיִם אֶעֱבֹרָה		
וַיֹּאמְרוּ לוֹ אַנְשֵׁי־גִלְעָד הַאֶפְרָתִי אַתָּה		הַאֶפְרָתִי : הַ = Fragepartikel
וַיֹּאמֶר לֹא׃		
וַיֹּאמְרוּ לוֹ אֱמָר־נָא שִׁבֹּלֶת וַיֹּאמֶר סִבֹּלֶת	(6)	
וְלֹא יָכִין לְדַבֵּר כֵּן		יָכִין [3 m s PK Hif כון]

וַיֹּאחֲזוּ אוֹתוֹ וַיִּשְׁחָטוּהוּ אֶל־מַעְבְּרוֹת הַיַּרְדֵּן
וַיִּפֹּל בָּעֵת הַהִיא מֵאֶפְרַיִם אַרְבָּעִים וּשְׁנַיִם
אָלֶף׃

יָכִין לְדַבֵּר richtig aussprechen

11.7 Ein Trostwort für den Prophetenschüler Baruch: Jer 45

Lesen Sie den Text in der Biblia Hebraica und übersetzen Sie mit Hilfe des Lexikons. Lesen Sie immer zunächst einen ganzen Vers, dann abschnittweise, wie im Folgenden angegeben. Achten Sie auf die Akzente „Atnach“ und „Zaqef qaton“ (→ KGr § 5 c).

1a Verstehen Sie, ohne zu übersetzen. Woran erkennt man, welche Wörter Namen sind?

1bα$_1$ Zu בְּכָתְבוֹ → Übg. 11.2. Wenn Sie מִפִּי nicht gleich analysieren können, bedenken Sie, dass es eine Umstandsbestimmung sein muss. Wenn das auch nichts hilft, schauen Sie in den Vokabeln zu Lektion 10 nach.

1bα$_2$ Bevor Sie zum Lexikon greifen: Welche Angabe müssen diese beiden Wörter enthalten?

1a & b Lesen Sie noch einmal den ganzen Vers und übersetzen Sie im Zusammenhang.

2 & 3aα Schließen Sie gleich Lesen und Übersetzung von 2 und 3aα an.

3aβ Bestimmen Sie bei unbekannten Verben zunächst Person, Tempus und Wurzel. Schlagen Sie dann im Lexikon nach. Wenn nichts anderes angegeben ist, handelt es sich um den Grundstamm (Kal bzw. qal).

Lexikon-Gebrauch:

Sehen Sie in langen Lexikonartikeln zuerst nach den Hauptbedeutungen, und probieren Sie aus, welche in Ihren Kontext passt. Die größeren Lexika bieten mögliche (grammatische und inhaltliche) Kontexte zu den Hauptbedeutungen an, die Sie mit Ihrem Kontext vergleichen können, auch wenn Ihre Stelle nicht angegeben ist. Übernehmen Sie den Vorschlag des Lexikons nicht ungeprüft!

יָגוֹן ist keine Verbform.

3bα Überlegen Sie vor der Analyse, welches der beiden Wörter Verb, welches Nomen sein muss.

3bβ Ebenso. Und nun übersetzen Sie den ganzen Vers 3.

4 Die Wörter כֹּה תֹאמַר אֵלָיו sind zu streichen, ebenso Vers 4b.

Lesen Sie abschnittsweise, analysieren Sie die Verbformen (בָּנִיתִי von בנה), beachten Sie für die Übersetzung den Unterschied von Verbal- und Nominalsätzen.

5a Welches sind die Verbformen? Schließen Sie von תְּבַקֶּשׁ auf die Wurzel, suchen Sie im Lexikon unter dem Abschnitt „Pi“. Es ist nicht zu erwarten, dass diese Form aufgeführt ist, wohl aber ähnlich gebildete, hier 3 m s.

5bα₁ מֵבִיא ist ein Partizip von בוא. Suchen Sie im Lexikon im Abschnitt „Hiph“ bzw. „hif“. Auch hier genügt das Abwägen der Hauptbedeutungen. Die Stellenangabe werden Sie vergeblich suchen.

5bα₂ Wenn Sie den Inhalt verstanden haben, achten Sie auf Satztypen und auf die Wiedergabe der AK cons.

5bβ Bei תֵּלֵךְ denken Sie an וַיֵּלֶךְ.

4 & 5 Lesen und übersetzen Sie nochmals im Zusammenhang.

11.8 Übungen zur Wortkunde

Prägen Sie sich beim Neu-Lernen und beim Wiederholen von Vokabeln ganze Sätze und Redewendungen ein, z.B.:

מָצָאתִי חֵן בְּעֵינֶיךָ - גֵּר יָתוֹם וְאַלְמָנָה - שׁפך דָּם נָקִי - רכב בָּרֶכֶב
וּבַסּוּסִים - שָׁמַעְתִּי בְקֹלְכֶם - שֹׁמֵר הַבְּרִית וְהַחֶסֶד לַעֲבָדֶיךָ - וַיִּחַר
אַף־יְהוָה - וְאָהַבְתָּ אֵת יְהוָה אֱלֹהֶיךָ בְּכָל־לְבָבְךָ וּבְכָל־נַפְשְׁךָ
וּבְכָל־מְאֹדֶךָ - אֶת־מִי אֶשְׁלַח וּמִי יֵלֶךְ־לָנוּ - וַיִּשָּׂא אַבְרָם אֶת־עֵינָיו וַיַּרְא
- עֵינַיִם לָהֶם וְלֹא יִרְאוּ אָזְנַיִם וְלֹא יִשְׁמָעוּ

*11.9 Samuels Abschiedrede: 1 Sam 12,1-18

Lesen Sie in der Biblia Hebraica und benutzen Sie das Lexikon. Bedeutungen schwacher Verben und abgeleiteter Verbstämme werden hier angegeben:

V.2	מִתְהַלֵּךְ	(Partizip) einherziehen
	וָשַׂבְתִּי	[שִׂיב] grau werden
V.3	רַצּוֹתִי	[רצץ] Gewalt antun
	וְאָשִׁיב	[שׁוב Hif] zurückerstatten
V.6	הֶעֱלָה	(AK Hif) heraufführen
V.7	וְאִשָּׁפְטָה	(Nif) gerichtlich feststellen lassen
V. 8	וַיּוֹצִיאוּ	[יצא Hif] hinausführen
	וַיֹּשִׁבוּם	[ישׁב Hif] ansiedeln (mit suf!)

Grammatik-Paragraphen:

He cohortativum: 26 l.n; 28 h — Inf und Ptz mit Suffix: 30 d.e; 32 b; 51 b — Infinitiv: 65 — Wunsch, Absicht, Aufforderung: 26 j-n

Lektion Zwölf

Wenn Sie diese Lektion bearbeitet haben, werden Sie

- die formalen Merkmale der abgeleiteten Verbstämme Nif`al, Hif`il und Hof`al kennen und Verbformen nach ihrem Stamm analysieren können
- die Grundbedeutungen der Stämme im Verhältnis zum Grundstamm kennen und im Einzelfall berücksichtigen können
- die verschiedenen Funktionen der Partikel כִּי je nach Kontext auseinanderhalten und in die Übersetzung einbringen können
- Schwursätze erkennen, die Form ihrer Einleitung beachten und entsprechend richtig übersetzen können

---

12.1 Zur Einführung

12.1.1 Nif`al

[1] בִּי נִשְׁבַּעְתִּי נְאֻם יְהוָה כִּי־לְחָרְבָּה יִהְיֶה הַבַּיִת הַזֶּה׃ (Jer 22,5)

[2] אֶת־יְהוָה אֱלֹהֶיךָ תִּירָא וְאֹתוֹ תַעֲבֹד וּבִשְׁמוֹ תִּשָּׁבֵעַ׃ (Dtn 6,13)

12.1.2 Hif`il

יְהוָה אֱלֹהֶיךָ הוּא עֹבֵר לְפָנֶיךָ הוּא־יַשְׁמִיד אֶת־הַגּוֹיִם הָאֵלֶּה מִלְּפָנֶיךָ ... (4) וְעָשָׂה יְהוָה לָהֶם כַּאֲשֶׁר עָשָׂה לְסִיחוֹן וּלְעוֹג מַלְכֵי הָאֱמֹרִי וּלְאַרְצָם אֲשֶׁר הִשְׁמִיד אֹתָם׃ (Dtn 31,3a.4)

Namen: Sihon, Og, Amoriter

12.1.3 Hof`al

[1] הָרֹעִים אֲשֶׁר־לְךָ הָיוּ עִמָּנוּ לֹא הִכְלַמְנוּ אֹתָם וְלֹא נִפְקַד לָהֶם מְאוּמָה (1 Sam 25,7b)

David spricht mit Nabal über seine Erlebnisse mit dessen Hirten. (הָיוּ = היה AK 3 pl)

[2] וְהָאֲנָשִׁים טוֹבִים לָנוּ מְאֹד וְלֹא הָכְלַמְנוּ וְלֹא פָקַדְנוּ מְאוּמָה כָּל־יְמֵי הִתְהַלַּכְנוּ אִתָּם (1 Sam 25,15)

Derselbe Sachverhalt im Munde von Nabals Hirten.

הִתְהַלַּכְנוּ [הלך] Hitpa`el „umherziehen“

12.2 Aufgaben zur Einführung

12.2.1 Nif`al

Schreiben Sie aus 12.1.1 die Nif`al-Formen heraus. Schreiben Sie daneben die entsprechenden Formen des Grundstamms von שׁמע (שׁבע kommt im Grundstamm nicht vor), und nennen Sie die Merkmale, durch die sich die Nif`al-Formen (jeweils Afformativ- und Präformativkonjugation) von den anderen unterscheiden.

12.2.2 Hif`il

Verfahren Sie wie in 12.2.1 auch mit den Hif`il-Formen in 12.1.2 und den diesen entsprechenden Qal-Formen von שׁמד und שׁמע.

12.2.3 Hof`al

Verfahren Sie wie in 12.2.1 und 12.2.2 auch mit den Hof`al-Formen in 12.1.3.

12.3 Übungen zur Formenanalyse

12.3.1 Übersicht

12.3.1.1 Tragen Sie die in 12.2 aufgeschriebenen Qal-, Nif`al-, Hif`il- und Hof`al-Formen in eine Tabelle nach dem folgenden Muster ein. Legen Sie diese Tabelle groß genug an, damit Sie später noch mehr Verbformen einschreiben können:

Hof`al	Hif`il	Nif`al	Qal	
				AK
				PK

> 12.3.1.2 Formulieren Sie eine erste Analyseregel, indem Sie den folgenden Satz ergänzen:
>
> Wie die Namen der Stämme hören sich an:
>
> die Formen der ....-Konjugation

12.3.1.3 Wenn Sie in der hier folgenden Tabelle die Verbformen fertig vokalisieren, haben Sie genau die Merkmale eingetragen, die für die Analyse wichtig sind.

Hof`al	Hif`il	Nif`al	Qal	
הקְטַל	הקְטִיל	נקְטַל	קטל	AK
יקְטַל	יקְטִיל	יִקטֵל	יקְטֹל	PK

12.3.1.4 Machen Sie sich noch einmal die Merkmale jedes Stammes klar. Bilden Sie die AK- und PK-Form (3 m s) von פקד und שׁבר in allen 4 Stämmen und schreiben Sie auch die tabellarisch auf.

Die Stämme Hif`il und Hof`al werden weitgehend parallel gebildet, nur die Vokalisation unterscheidet sich.

12.3.1.5 Auch für die Formen der Präformativ-Konjugation lassen sich die wenigen Merkmale, die Sie für die Analyse brauchen, leicht zusammenfassen.

Präformativ-Konjugation:	
Nif:	.... im I. Radikal
	und dann ....,
Hif:	.... in der Präformativsilbe,
Hof:	.... in der Präformativsilbe.

12.3.2 Analysen

Sie müssen ab jetzt Ihre Aufmerksamkeit in einem wichtigen Punkt verändern: Haben Sie bisher vor allem auf die Konsonanten in den Prä- und Afformativen gesehen, so müssen Sie nun bei der Analyse der Stämme vor allem auf die Vokale achten und nicht nur genau hinsehen, sondern genauer hin*hören*: *Wie hört sich das an?*

12.3.2.1 Achten Sie auf die Merkmale der Stämme, besonders in der Präformativ-Konjugation, und analysieren Sie:

דִּבֵּר - הָקְטַל - נָקְטַל - נִדְבַּרְנוּ

וַיִּלְכֹּד - וַיִּלָּכֵד

יִמָּלֵא - יָקְטַל - לְהָקְטֵל

יִמְשַׁח - נִמְשַׁח - נִשְׁמֹר - נִשְׁמַר - נִשָּׁמֵר

אֶשְׁלַח - אַשְׁלִיחַ - אֶשָּׁלַח - אָשְׁלַח

12.3.2.2 Ordnen Sie auch die folgenden Formen (darunter Infinitive und Partizipien) den vier Stämmen zu. Außer in Qal und Nif`al beginnen Partizipien mit einem מ.

מַבְדִּיל - הַנִּבְדָּל - מָבְדָּל

לִזְכֹּר - הִזְכִּיר - לְהַזְכִּיר - הִזָּכֵר - זָכוּר

סַפֵּר - סְפֹר - סֹפֵר - הָסְפַּר - מָסְפָּר

12.3.2.3 Tragen Sie - notfalls mit Hilfe Ihrer Grammatik - in die Tabelle von 12.3.1.4 auch die Partizipien und Infinitive von פקד ein.

12.3.2.4 Achten Sie auf die Merkmale der Stämme auch dort, wo sie - unter dem Einfluß von Gutturalen oder Resch - leicht abgewandelt sind. Bestimmen Sie bei den folgenden Verbformen jeweils Wurzel und Stamm und erklären Sie die Lautabweichungen (→ KGr § 10):

יַעַבְרוּ - יַעֲבִירוּ - יֵעָבֵר - הֶעֱבִיר - הַעֲבֵר - הֵאָסְרוּ

12.4 Übungssätze

[1] וַיִּקְרָא יְהוֹשֻׁעַ לְכָל־יִשְׂרָאֵל... וַיֹּאמֶר אֲלֵיהֶם
אֲנִי זָקַנְתִּי בָּאתִי בַּיָּמִים׃ וְאַתֶּם רְאִיתֶם אֵת
כָּל־אֲשֶׁר עָשָׂה יְהוָה אֱלֹהֵיכֶם לְכָל־הַגּוֹיִם
הָאֵלֶּה מִפְּנֵיכֶם כִּי יְהוָה אֱלֹהֵיכֶם הוּא
הַנִּלְחָם לָכֶם׃ רְאוּ הִפַּלְתִּי לָכֶם אֶת־הַגּוֹיִם
הַנִּשְׁאָרִים הָאֵלֶּה בְּנַחֲלָה לְשִׁבְטֵיכֶם מִכָּל־
הַגּוֹיִם אֲשֶׁר הִכְרַתִּי מִן־הַיַּרְדֵּן וְעַד הַיָּם
הַגָּדוֹל ...׃ (Jos 23,2-4)

רְאִיתֶם [ראה]
רְאוּ [ראה] impt
in הִפַּלְתִּי ist der I. Radikal von נפל assimiliert, in הִכְרַתִּי der III. von כרת.

[2] עֵינֵי־כֹל אֵלֶיךָ יְשַׂבֵּרוּ וְאַתָּה נוֹתֵן־לָהֶם
אֶת־אָכְלָם בְּעִתּוֹ׃
פּוֹתֵחַ אַתָּה יָדֶךָ וּמַשְׂבִּעַ לְכָל־חַי רָצוֹן׃
(Ps 145,15f)

יְשַׂבֵּרוּ = 3 m pl PK Pi „warten“

[3] הַקְשֵׁב אִיּוֹב שְׁמַע־לִי הַחֲרֵשׁ וְאָנֹכִי אֲדַבֵּר׃
אִם־יֵשׁ־מִלִּין הֲשִׁיבֵנִי דַּבֵּר כִּי־חָפַצְתִּי
צַדְּקֶךָּ׃
אִם־אַיִן אַתָּה שְׁמַע־לִי הַחֲרֵשׁ וַאֲאַלֶּפְךָ
חָכְמָה׃ (Hi 33,31-33)

אֲדַבֵּר = 1 c sg PK Pi „reden“
הֲשִׁיבֵנִי [שׁוב] Hif: „widerlege mich!“
דַּבֵּר = imp m sg Pi

12.5 Josef und seine Brüder: Gen 42,13-20

Zehn Brüder Josefs, nach Ägypten gekommen, um Getreide einzukaufen, werden von Josef, den sie nicht erkennen, als Spione verdächtigt.

Bevor Sie den Text, vor allem V. 15, übersetzen, lesen Sie KGr § 66 m-p.

(13) וַיֹּאמְרוּ [אֲחֵי יוֹסֵף] שְׁנֵים עָשָׂר עֲבָדֶיךָ אַחִים
אֲנַחְנוּ בְּנֵי אִישׁ־אֶחָד בְּאֶרֶץ כְּנָעַן וְהִנֵּה
הַקָּטֹן אֶת־אָבִינוּ הַיּוֹם וְהָאֶחָד אֵינֶנּוּ׃
(14) וַיֹּאמֶר אֲלֵהֶם יוֹסֵף הוּא אֲשֶׁר דִּבַּרְתִּי
אֲלֵכֶם לֵאמֹר מְרַגְּלִים אַתֶּם׃

מְרַגְּלִים = „Kundschafter“

(15) בְּזֹאת תִּבָּחֵנוּ חֵי פַרְעֹה אִם־תֵּצְאוּ מִזֶּה כִּי
אִם־בְּבוֹא אֲחִיכֶם הַקָּטֹן הֵנָּה׃

בְּבֹאוֹ = inf בוא + ב

(16) שִׁלְחוּ מִכֶּם אֶחָד וְיִקַּח אֶת־אֲחִיכֶם וְאַתֶּם
הֵאָסְרוּ וְיִבָּחֲנוּ דִּבְרֵיכֶם הַאֱמֶת אִתְּכֶם וְאִם־ — אֱמֶת : הַאֱמֶת + Frage-
לֹא חֵי פַרְעֹה כִּי מְרַגְּלִים אַתֶּם׃ — partikel הַ = „ob“

(17) וַיֶּאֱסֹף אֹתָם אֶל־מִשְׁמָר שְׁלֹשֶׁת יָמִים׃

(18) וַיֹּאמֶר אֲלֵהֶם יוֹסֵף בַּיּוֹם הַשְּׁלִישִׁי זֹאת עֲשׂוּ — עֲשׂוּ [עשה] und וִחְיוּ
וִחְיוּ אֶת־הָאֱלֹהִים אֲנִי יָרֵא׃ — [חיה] impt

(19) אִם־כֵּנִים אַתֶּם אֲחִיכֶם אֶחָד יֵאָסֵר בְּבֵית
מִשְׁמַרְכֶם וְאַתֶּם לְכוּ הָבִיאוּ שֶׁבֶר רַעֲבוֹן — הָבִיאוּ [בוא] Hif impt
בָּתֵּיכֶם׃

(20) וְאֶת־אֲחִיכֶם הַקָּטֹן תָּבִיאוּ אֵלַי וְיֵאָמְנוּ — תָּבִיאוּ [בוא] Hif impt
דִבְרֵיכֶם וְלֹא תָמוּתוּ וַיַּעֲשׂוּ־כֵן׃

12.6 Aufgaben zu den Texten 12.4 und 12.5

12.6.1 Verbformen

Analysieren Sie alle Verbformen und geben Sie jeweils an, an welchem Merkmal Sie den Stamm des Verbs erkennen.

12.6.2 Satzverbindungen

Achten Sie auf die Partikeln, durch die Sätze miteinander verknüpft sind:

12.6.2.1 כִּי: Gehen Sie aus von der Grundbedeutung „ja / gewiss / das ist so“ und wählen Sie dann die deutsche Konjunktion nach dem Inhalt der Sätze.
→ KGr § 64

12.6.2.2 ו: Da deutsches „und“ nur Gleiches verbindet, müssen Sie auf Inhalt und Form (NS / VS) der durch ו verbundenen Sätze achten. → KGr § 62

12.6.2.3 Schwursätze: Woran erkennt man sie? Vor welches Verständnis- und Übersetzungsproblem stellt Sie der Schwur in 12.5.15? → KGr § 66 m-p

Beschreiben Sie auch die Funktion von כִּי in 12.5.16 und 12.7.4.

12.7 Funktionen von כִּי - Übungssätze

[1] וַיֹּאמֶר יְהוָה זַעֲקַת סְדֹם וַעֲמֹרָה כִּי־רָבָּה
וְחַטָּאתָם כִּי כָבְדָה מְאֹד׃ (Gen 18,20)

[2] [וַיֹּאמֶר יוֹסֵף לְאֶחָיו] וְעַתָּה לֹא אַתֶּם
שְׁלַחְתֶּם אֹתִי הֵנָּה כִּי הָאֱלֹהִים (Gen 45,8)

[3] וַיֹּאמֶר אֶל־שָׂרַי אִשְׁתּוֹ הִנֵּה־נָא יָדַעְתִּי כִּי
אִשָּׁה יְפַת־מַרְאֶה אָתְּ׃ וְהָיָה כִּי־יִרְאוּ אֹתָךְ
הַמִּצְרִים וְאָמְרוּ אִשְׁתּוֹ זֹאת וְהָרְגוּ אֹתִי
וְאֹתָךְ יְחַיּוּ׃ אִמְרִי־נָא אֲחֹתִי אָתְּ
(Gen 12,11-13)

יְחַיּוּ [חיה] pi`el PK (→ L 13)
אִמְרִי [אמר] impt f s

[4] וַיִּשָּׁבַע הַמֶּלֶךְ וַיֹּאמַר חַי יְהוָה אֲשֶׁר־פָּדָה
אֶת־נַפְשִׁי מִכָּל־צָרָה׃ כִּי כַּאֲשֶׁר נִשְׁבַּעְתִּי לָךְ
בַּיהוָה אֱלֹהֵי יִשְׂרָאֵל לֵאמֹר כִּי־שְׁלֹמֹה בְנֵךְ
יִמְלֹךְ אַחֲרַי וְהוּא יֵשֵׁב עַל־כִּסְאִי תַּחְתָּי כִּי
כֵּן אֶעֱשֶׂה הַיּוֹם הַזֶּה׃ (1 Kön 1,29f)

Angesprochen ist Batseba, die Mutter Salomos.

*12.8 Esau verkauft sein Erstgeburtsrecht: Gen 25,29-34

Lesen und übersetzen Sie aus der Biblia Hebraica; schlagen Sie unbekannte Vokabeln im Lexikon nach. Hinweise:

V. 29	וַיָּזֶד	[זוד] Hif
V. 30	הַלְעִיטֵנִי	Suffix-Form, 1 s
V. 34	וַיִּבֶז	[בזה] Qal

Grammatik-Paragraphen:

Stämme, allgemein: 27 — Nif`al: 34 — Hif`il: 38 — Hof`al: 39 — Übersichtstabelle der Stämme bei starken Verben: 40 — וּ: 62 — כִּי: 64 — Schwur: 66 m-p

Lektion Dreizehn

Wenn Sie diese Lektion bearbeitet haben, werden Sie

- die formalen Merkmale auch der Stämme Pi`el, Pu`al und Hitpa`el kennen und Verbformen nach Stämmen analysieren können
- die Bedeutungen der passiven, bzw. reflexiven Stämme Hof`al, Pu`al und Hitpa`el aus den Bedeutungen der aktiven Stämme herleiten können
- Fragesätze aus dem Kontext und an der Form ihrer Einleitung erkennen und richtig übersetzen können

---

13.1 Zur Einführung

13.1.1 Pi`el

[1] וְאַחַר בָּאוּ מֹשֶׁה וְאַהֲרֹן וַיֹּאמְרוּ אֶל־פַּרְעֹה
כֹּה־אָמַר יְהוָה אֱלֹהֵי יִשְׂרָאֵל שַׁלַּח אֶת־עַמִּי
וְיָחֹגּוּ לִי בַּמִּדְבָּר׃
וַיֹּאמֶר פַּרְעֹה מִי יְהוָה אֲשֶׁר אֶשְׁמַע בְּקֹלוֹ
לְשַׁלַּח אֶת־יִשְׂרָאֵל לֹא יָדַעְתִּי אֶת־יְהוָה וְגַם
אֶת־יִשְׂרָאֵל לֹא אֲשַׁלֵּחַ׃ (Ex 5,1f)

וְיָחֹגּוּ „dass sie ein Fest feiern“

[2] וַיַּכְבֵּד פַּרְעֹה אֶת־לִבּוֹ ... וְלֹא שִׁלַּח אֶת־
הָעָם׃ (Ex 8,28)

13.1.2 Pu`al

[1] בַּיָּמִים הָהֵמָּה וּבָעֵת הַהִיא נְאֻם־יְהוָה יָבֹאוּ
בְנֵי־יִשְׂרָאֵל הֵמָּה וּבְנֵי־יְהוּדָה יַחְדָּו ... וְאֶת־
יְהוָה אֱלֹהֵיהֶם יְבַקֵּשׁוּ׃ (Jer 50,4)

[2] בַּיָּמִים הָהֵמָּה וּבָעֵת הַהִיא נְאֻם־יְהוָה יְבֻקַּשׁ
אֶת־עֲוֹן יִשְׂרָאֵל וְאֵינֶנּוּ ... כִּי אֶסְלַח לַאֲשֶׁר
אַשְׁאִיר׃ (Jer 50,20)

13.1.3 Hitpa`el

[1] וְהָיָה בַּיּוֹם הַהוּא ... נְאֻם־אֲדֹנָי יְהוִה ...
(23) וְהִתְגַּדִּלְתִּי וְהִתְקַדִּשְׁתִּי וְנוֹדַעְתִּי לְעֵינֵי

Ni ידע : וְנוֹדַעְתִּי

גּוֹיִם רַבִּים וְיָדְעוּ כִּי־אֲנִי יְהוָה׃ (Ez 38,18a.23)

[2] אָכֵן אַתָּה אֵל מִסְתַּתֵּר (Jes 45,15a)

13.2 Aufgaben zur Einführung

13.2.1 Formen

13.2.1.1 Stellen Sie die Formen der neuen Stämme fest, beschreiben Sie die Merkmale, an denen sie zu erkennen sind und tragen Sie diese in die Tabelle ein. Zur Übersicht verhilft die Tabelle in KGr § 40.

Pi`el	Pu`al	Hipa`el	
קטל	קטל	הִתְקטל	AK
יְקטל	יְקטל	יִתְקטל	PK

13.2.1.2 Eine Besonderheit des Hitpa`el zeigt Satz 13.1.3.2. Versuchen Sie zunächst, mit der Form selbst zurechtzukommen; schauen Sie erst dann in der Grammatik nach. → KGr § 37 g

13.2.2 Analyse-Übung

13.2.2.1 אֲדַבֵּר - וַאֲדַבֵּר - וָאֲדַבֵּר - לְדַבֵּר - מְדַבֵּר - נְדַבֵּר - מְדֻבָּר - מִדַּבֵּר

13.2.2.2 הִשְׁמִיר - הַשְׁמֵר - נִשְׁמֹר - נִשְׁמָר - הִשָּׁמֵר - הִשְׁתַּמֵּר

13.2.2.3 פְּקֹד - פִּקֵּד - הִפָּקֵד - הַפְקֵד - הִפְקִיד - הָפְקַד - מְפַקֵּד - מְפֻקָּד - הַמְּפֻקָּדִים

13.2.2.4 סִפֵּר - סַפֵּר - סָפַר - סֹפֵר - סֻפַּר

13.3 Fragesätze

13.3.1 Textbeispiele

[1] וַיֹּאמֶר יְהוָה אֶל־קַיִן אֵי הֶבֶל אָחִיךָ
וַיֹּאמֶר לֹא יָדַעְתִּי הֲשֹׁמֵר אָחִי אָנֹכִי׃
(Gen 4,9)

PN: Kain, Abel

[2] וַיֹּאמֶר לָהֶם יַעֲקֹב אַחַי מֵאַיִן אַתֶּם וַיֹּאמְרוּ
מֵחָרָן אֲנָחְנוּ׃ (5) וַיֹּאמֶר לָהֶם הַיְדַעְתֶּם אֶת־
לָבָן בֶּן־נָחוֹר וַיֹּאמְרוּ יָדָעְנוּ׃ (6) וַיֹּאמֶר לָהֶם

ON: Haran, PN: Laban, Rahel, Nahor

הֲשָׁלוֹם לוֹ וַיֹּאמְרוּ שָׁלוֹם וְהִנֵּה רָחֵל בִּתּוֹ
בָּאָה עִם־הַצֹּאן׃ (Gen 29,4-6)

בָּאָה [בוא] ptz fem Qal

[3] וַיֹּאמֶר יִצְחָק אֶל־יַעֲקֹב גְּשָׁה־נָּא וַאֲמֻשְׁךָ בְּנִי
הַאַתָּה זֶה בְּנִי עֵשָׂו אִם־לֹא׃ (Gen 27,21)

גְּשָׁה־נָּא וַאֲמֻשְׁךָ „Komm her, damit ich dich betaste!"
PN: Esau

[4] Aus Moses Rede an die Kundschafter, die er aus der Wüste hinauf ins Kulturland schickt. Dem Vers geht ein Imperativ voraus:

וּרְאִיתֶם אֶת־הָאָרֶץ מַה־הִוא וְאֶת־הָעָם הַיֹּשֵׁב
עָלֶיהָ הֶחָזָק הוּא הֲרָפֶה הַמְעַט הוּא אִם־
רָב׃ (Num 13,18)

וּרְאִיתֶם [ראה]

[5] וַיֹּאמֶר דָּוִד אֶל־אַבְנֵר הֲלוֹא־אִישׁ אַתָּה וּמִי
כָמוֹךָ בְּיִשְׂרָאֵל וְלָמָּה לֹא שָׁמַרְתָּ אֶל־אֲדֹנֶיךָ
הַמֶּלֶךְ (1 Sam 26,15)

PN: Abner

13.3.2 Aufgaben zu den Fragesätzen

Finden Sie heraus,

- wie Satzfragen (Antwort ist ein Satz oder „ja / nein") und wie Wortfragen (Antwort ist ein Wort) eingeleitet werden,
- wie Doppelfragen eingeleitet werden,
- wie Antworten formuliert sind und
- wie sich das „He interrogativum" formal vom Artikel unterscheidet.

Lesen Sie erst nach der Textbearbeitung in der Grammatik nach. → KGr § 16

13.4 David spielt verrückt: 1 Sam 21,11-16

Bekannte Namen wie David und Saul werden nicht mehr angegeben, auch nicht solche, die als „X ben Y, mäläk Z" o.ä. kenntlich sind.

(11) וַיָּקָם דָּוִד וַיִּבְרַח בַּיּוֹם־הַהוּא מִפְּנֵי שָׁאוּל
וַיָּבֹא אֶל־אָכִישׁ מֶלֶךְ גַּת׃

(12) וַיֹּאמְרוּ עַבְדֵי אָכִישׁ אֵלָיו הֲלוֹא־זֶה דָוִד
מֶלֶךְ הָאָרֶץ הֲלוֹא לָזֶה יַעֲנוּ בַמְּחֹלוֹת
לֵאמֹר הִכָּה שָׁאוּל בַּאֲלָפָיו וְדָוִד בְּרִבְבֹתָיו׃

יַעֲנוּ hier: „singen"
הִכָּה [נכה] AK Hif

(13) וַיָּשֶׂם דָּוִד אֶת־הַדְּבָרִים הָאֵלֶּה בִּלְבָבוֹ
וַיִּרָא מְאֹד מִפְּנֵי אָכִישׁ מֶלֶךְ־גַּת׃

(14) וַיְשַׁנֶּה אֶת־טַעְמוֹ בְּעֵינֵיהֶם וַיִּתְהֹלֵל בְּיָדָם

וַיִּתְהֹלֵל [הלל] „stellte sich verrückt",

וַיְתָף עַל־דַּלְתוֹת הַשַּׁעַר וַיּוֹרֶד רִירוֹ אֶל־זְקָנוֹ׃ — וַיְתָף [תפף] „trommelte“, וַיּוֹרֶד [ירד] Hif

(15) וַיֹּאמֶר אָכִישׁ אֶל־עֲבָדָיו הִנֵּה תִרְאוּ אִישׁ מִשְׁתַּגֵּעַ לָמָּה תָּבִיאוּ אֹתוֹ אֵלָי׃ — תָּבִיאוּ [בוא] Hif

(16) חֲסַר מְשֻׁגָּעִים אָנִי כִּי־הֲבֵאתֶם אֶת־זֶה לְהִשְׁתַּגֵּעַ עָלָי הֲזֶה יָבוֹא אֶל־בֵּיתִי׃ — הֲבֵאתֶם [בוא] Hif

13.5 Zedekia spielt den Stier: 1 Kön 22,6.10-12

Sie können auch die ganze Geschichte lesen und übersetzen: → Übung 13.7.1.

(6) וַיִּקְבֹּץ מֶלֶךְ־יִשְׂרָאֵל אֶת־הַנְּבִיאִים כְּאַרְבַּע מֵאוֹת אִישׁ וַיֹּאמֶר אֲלֵיהֶם הַאֵלֵךְ עַל־רָמֹת גִּלְעָד לַמִּלְחָמָה אִם־אֶחְדָּל וַיֹּאמְרוּ עֲלֵה וְיִתֵּן אֲדֹנָי בְּיַד הַמֶּלֶךְ׃ — ON: Ramot in Gilead; עֲלֵה impt Qal

(10) וּמֶלֶךְ יִשְׂרָאֵל וִיהוֹשָׁפָט מֶלֶךְ־יְהוּדָה יֹשְׁבִים אִישׁ עַל־כִּסְאוֹ מְלֻבָּשִׁים בְּגָדִים בְּגֹרֶן פֶּתַח שַׁעַר שֹׁמְרוֹן וְכָל־הַנְּבִיאִים מִתְנַבְּאִים לִפְנֵיהֶם׃ — ON: Samaria

(11) וַיַּעַשׂ לוֹ צִדְקִיָּה בֶן־כְּנַעֲנָה קַרְנֵי בַרְזֶל וַיֹּאמֶר כֹּה אָמַר יְהוָה בְּאֵלֶּה תְּנַגַּח אֶת־אֲרָם עַד־כַּלֹּתָם׃ — Name „Aram“ = die Aramäer; עַד־כַּלֹּתָם „vernichtend“

(12) וְכָל־הַנְּבִיאִים נִבְּאִים כֵּן לֵאמֹר עֲלֵה רָמֹת גִּלְעָד וְהַצְלַח וְנָתַן יְהוָה בְּיַד הַמֶּלֶךְ׃ — נִבְּאִים ptz Nif נבא; עֲלֵה s.o. Vers 6

13.6 Ein Hymnus auf Gottes Erhabenheit: Psalm 113,1-4

(1) הַלְלוּ יָהּ
הַלְלוּ עַבְדֵי יְהוָה הַלְלוּ אֶת־שֵׁם יְהוָה׃
(2) יְהִי שֵׁם יְהוָה מְבֹרָךְ מֵעַתָּה וְעַד־עוֹלָם׃
(3) מִמִּזְרַח־שֶׁמֶשׁ עַד־מְבוֹאוֹ מְהֻלָּל שֵׁם יְהוָה׃
(4) רָם עַל־כָּל־גּוֹיִם יְהוָה עַל־הַשָּׁמַיִם כְּבוֹדוֹ׃

*13.7 Texte für weitere Übung

Für die Wortbedeutungen müssen Sie das Lexikon benutzen.

*13.7.1 Die Geschichte von Micha Ben Jimla: 1 Kön 22,1-28a

V. 3	מַחְשִׁים	חשׁה Hif
	מִקַּחַת	inf Qal לקח + מִן
V. 7	מֵאוֹתוֹ	zu lesen מֵאִתּוֹ
V. 11	כַּלֹּתָם	Inf כלה + suf
V. 17	נְפֹצִים	פּוּץ ptz Nif: „zerstreut“
V. 21	אֲפַתֶּנּוּ	Nun energicum → KGr § 26 p; 12 w
V. 22	תּוּכַל	יכל impf Qal
V. 24	אוֹתְךָ	zu lesen אִתְּךָ
V. 26	וַהֲשִׁיבֵהוּ	שׁוּב Hif

*13.7.2 Rechtsfälle aus dem „Bundesbuch“: Ex 22,6.7.9-12

V. 12	יְבִאֵהוּ	בוא Hif + suf: „soll er es bringen“
	עֵד	Apposition: „als Beweis“

13.8 Unpunktierter Text: Psalm 113,1-4

(1) הללו יה

הללו עבדי יהוה הללו את־שׁם יהוה׃

(2) יהי שׁם יהוה מברך מעתה ועד־עולם׃

(3) ממזרח־שׁמשׁ עד־מבואו מהלל שׁם יהוה׃

(4) רם על־כל־גוים יהוה על־השׁמים כבודו׃

Grammatik-Paragraphen:

He interrogativum: 16a — Stämme, Bedeutungen: 27 — Pi`el/Pu`al/Hitpa`el: 35-37 — Fragen und Antworten: 16

Lektion Vierzehn

Wenn Sie diese Lektion bearbeitet haben, werden Sie

- die Merkmale für feminine Verbformen wiederholt haben
- die geläufigsten, regelmäßig gebildeten Suffix-Formen des Verbs analysieren können
- Formen von Verben Lamed-He analysieren können, bei denen eine Endung an den II. Radikal angefügt ist

---

14.1 Zur Einführung

[1] וַיַּרְא יְהוָה כִּי־שְׂנוּאָה לֵאָה וַיִּפְתַּח אֶת־
רַחְמָהּ וְרָחֵל עֲקָרָֽה׃
וַתַּהַר לֵאָה וַתֵּלֶד בֵּן וַתִּקְרָא שְׁמוֹ רְאוּבֵן
כִּי אָמְרָה
כִּי־רָאָה יְהוָה בְּעָנְיִי כִּי עַתָּה יֶאֱהָבַנִי
אִישִֽׁי׃ (Gen 29,31f)

PN: Lea, Rahel

[2] וַתֹּאמֶר הָאִשָּׁה [אֶל־דָּוִד] תְּדַבֶּר־נָא שִׁפְחָתְךָ
אֶל־אֲדֹנִי הַמֶּלֶךְ דָּבָר וַיֹּאמֶר דַּבֵּֽרִי׃
(2 Sam 14,12)

[3] וַיֹּאמֶר אֵלֶיהָ
הַשְׁקִינִי־נָא מְעַט־מַיִם כִּי צָמֵאתִי
וַתִּפְתַּח אֶת־נֹאד הֶחָלָב וַתַּשְׁקֵהוּ וַתְּכַסֵּֽהוּ׃
וַיֹּאמֶר אֵלֶיהָ עֲמֹדִי פֶּתַח הָאֹהֶל וְהָיָה אִם־
אִישׁ יָבוֹא וּשְׁאֵלֵךְ וְאָמַר הֲיֵשׁ־פֹּה אִישׁ
וְאָמַרְתְּ אָֽיִן׃ (Ri 4,19f)

Und er sagte zu ihr: „Gib mir bitte etwas Wasser zu trinken, ich habe solchen Durst!“ Und sie öffnete den Milchschlauch und gab ihm zu trinken und deckte ihn zu...

[4] וַיֹּאמֶר שַׁלְּחֵנִי כִּי עָלָה הַשָּׁחַר וַיֹּאמֶר לֹא
אֲשַׁלֵּֽחֲךָ כִּי אִם־בֵּרַכְתָּֽנִי׃ (Gen 32,27)

14.2 Aufgaben zur Einführung

14.2.1 Feminin-Formen

14.2.1.1 Achten Sie in den Textbeispielen 1 bis 3 darauf, welche Verbformen feminin sein müssen. Bestimmen Sie jeweils die Elemente (Präformative und Afformative), die das Merkmal „femininum" bezeichnen. Schreiben Sie diese Elemente auf. Ein weiteres Feminin-Zeichen finden Sie im ersten Satz des Textes 14.3 (1 Kön 3,16).

14.2.1.2 Kontrollieren Sie Ihre Ergebnisse an den Tabellen in der Grammatik (→ KGr §§ 28 c; 29 c).

14.2.2 Analyse-Übung

Üben Sie, indem Sie die folgenden Verbformen analysieren. Die Merkmale der verschiedenen Stämme sind auch bei den femininen Verbformen zu erkennen.

תִּשְׁלְחִי - תְּשַׁלְּחִי - תַּשְׁלִיחִי - הַשְׁלִיחִי - הָשְׁלְחִי

שַׁלְּחִי - שִׁלְחִי - שִׁלַּחְתִּי - שָׁלַחְתִּי

דַּבְּרִי - דַּבְּרָה - דִּבְּרָה

כַּבְּדִי - כָּבְדָה - כִּבְּדִי - כִּבְדָה - כִּבְּדָה

14.2.3 Suffixe

14.2.3.1 Lesen und übersetzen Sie auch 14.1.4. Achten Sie hier und in 14.1.1 auf die Verbformen mit Suffixen und bestimmen Sie jedesmal die Merkmale, an denen Sie Stamm, Tempus und Person erkennen.

14.2.3.2 Überlegen Sie, welchen Satzteil das Suffix am Verb darstellt, an welchen Stämmen also Suffixe zu erwarten sind, und analysieren Sie die folgenden Verbformen.
Denken Sie daran: Ein Dagesch forte kann unter bestimmten Bedingungen ausfallen! → KGr § 4 i.

שִׁלְחוֹ - שְׁלָחוֹ - הִשְׁלְחוֹ - וַיְשַׁלְּחֵהוּ - וַיַּשְׁלִיחֵהוּ - וַיִּשְׁלָחֵהוּ

וַיִּגְנְבָהּ - וַיַּגְנִיבָהּ - וַיְגַנְּבָהּ - גְּנָבָהּ - גֻּנְּבָה - גְּנָבָהּ - הִגְנִבָהּ

סְגָרֵךְ - סְגָרְךָ - סִגְּרֵךְ - יַסְגִּירֵךְ - יְסַגֵּרְךָ - יִסְגָּרֵךְ

14.2.4 Schwache Verben

Betrachten Sie in 14.1.3 noch einmal die Verbformen: הַשְׁקִינִי, וַתַּשְׁקֵהוּ und וַתְּכַסֵּהוּ. Isolieren Sie die Suffixe und betrachten Sie den Rest:

Worin besteht die „Schwäche" dieser Verbformen? Woran sind sie als Verben eben dieser Klasse zu erkennen?

14.3 Das salomonische Urteil: 1 Kön 3,16-28

Lesen Sie den Text in der Biblia Hebraica. Hinweise, vor allem zu Verbformen, die Sie noch nicht analysieren können, erhalten Sie hier. Arbeitsanweisungen zu diesem und dem folgenden Text in 14.5.

V. 16	אָז	→ KGr § 15 l-q
V. 18	לְלִדְתִּי	inf ילד + ל + suf
V. 21	לְהֵינִיק	[ינק] Hif: „zu stillen“
	וָאֶתְבּוֹנֵן	von בִּין genau ansehen
V. 24	וַיָּבִאוּ	Hif zu וַיָּבֹאוּ
V. 26/27	וְהָמֵת אַל־תְּמִיתֻהוּ	„aber tötet es nur nicht!“
V. 28	לַעֲשׂוֹת	עשׂה inf Qal

14.4 Ankündigung der Geburt Simsons: Ri 13,2-6

וַיְהִי אִישׁ אֶחָד מִצָּרְעָה מִמִּשְׁפַּחַת הַדָּנִי	(2)	ON: Zora
וּשְׁמוֹ מָנוֹחַ וְאִשְׁתּוֹ עֲקָרָה וְלֹא יָלָדָה׃		
וַיֵּרָא מַלְאַךְ־יְהוָה אֶל־הָאִשָּׁה וַיֹּאמֶר אֵלֶיהָ	(3)	וַיֵּרָא [ראה] Nif'al
הִנֵּה־נָא אַתְּ־עֲקָרָה וְלֹא יָלַדְתְּ וְהָרִית וְיָלַדְתְּ		zu וְהָרִית → KGr § 46 f
בֵּן׃		
וְעַתָּה הִשָּׁמְרִי נָא וְאַל־תִּשְׁתִּי יַיִן וְשֵׁכָר וְאַל־	(4)	
תֹּאכְלִי כָּל־טָמֵא׃		תֹּאכְלִי [אכל] → KGr § 42
כִּי הִנָּךְ הָרָה וְיָלַדְתְּ בֵּן וּמוֹרָה לֹא־יַעֲלֶה	(5)	
עַל־רֹאשׁוֹ כִּי נְזִיר אֱלֹהִים יִהְיֶה הַנַּעַר מִן־		
הַבֶּטֶן וְהוּא יָחֵל לְהוֹשִׁיעַ אֶת־יִשְׂרָאֵל מִיַּד		יָחֵל [חלל] „wird beginnen“
פְּלִשְׁתִּים׃		לְהוֹשִׁיעַ [Hif ישׁע] „zu retten“
וַתָּבֹא הָאִשָּׁה וַתֹּאמֶר לְאִישָׁהּ לֵאמֹר אִישׁ	(6)	
בָּא אֵלַי וּמַרְאֵהוּ כְּמַרְאֵה אֱלֹהִים נוֹרָא		
מְאֹד וְלֹא שְׁאִלְתִּיהוּ אֵי־מִזֶּה הוּא וְאֶת־שְׁמוֹ		
לֹא־הִגִּיד לִי׃		

14.5 Aufgaben zu den Texten 14.3 und 14.4

14.5.1 Formenanalyse

14.5.1.1 Analysieren Sie vor allem die femininen Verbformen und die Verbformen mit Suffixen. In 1 Kön 3,22f kommt die Form אֹמֶ֫רֶת vor. Versuchen Sie, sie zu bestimmen und die auffällige Vokalisation zu erklären. → KGr § 32 b

14.5.1.2 Kontrollieren Sie Ihren Lernerfolg, indem Sie, nachdem Sie die Texte bearbeitet haben, auswendig noch einmal zusammenfassen, mit welchen Feminin-Zeichen Sie beim Verb zu rechnen haben.

14.5.1.3 Formulieren Sie auch eine Analyseregel für Formen der Verben ל״ה, indem Sie folgende Sätze ergänzen:

Wenn eine vokalische Endung oder ein Suffix betont und unmittelbar an den .... Radikal angefügt ist oder wenn vor einer konsonantischen Endung der Vokalbuchstabe ...... mit dem Vokal ..... , ... oder .... steht, handelt es sich um ein Verb ל״ה.

14.5.2 Zur Syntax

Achten Sie in beiden Texten auf die Nominalsatz-Einschübe in der Erzählung. Berücksichtigen Sie das inhaltliche Verhältnis der Sätze für die deutsche Wiedergabe der Partikel ו (besonders in 14.4.3). Überlegen und begründen Sie in 14.3, V.19 die Übersetzung des אֲשֶׁר-Satzes. → KGr § 63 i

14.6 Übungen zur Wortkunde

14.6.1 Bilden Sie aus Anlass dieser Lektion zum Lernen und Wiederholen eine Sachgruppe „weiblich“. Aus früheren Lektionen gehören dazu: אִשָּׁה, אַלְמָנָה, אָחוֹת, בַּת und die femininen Pronomina.

14.6.2 Wiederholen Sie die Verben ל״ה (Narrativ und Bedeutung):

היה - חיה - חנה - נכה - עלה - עשׂה - קנה - ראה - רעה - שׁתה

Nennen Sie auch die Wurzeln zu וַיַּ֫עַל und וַיֵּשְׁתְּ.

*14.7 Abimelech: Ri 9,1-15

Lesen und übersetzen Sie aus der Biblia Hebraica und benutzen Sie das Lexikon.

*14.7.1 Abimelech wird König in Sichem: Ri 9,1-6

V. 3	וַיֵּט	[נטה] „(er) neigte sich“
V. 5	zu וַיִּוָּתֵר	→ KGr § 45 b

*14.7.2 Parabel vom König der Bäume: Ri 9,7-15

V. 7	וַיַּגִּדוּ	[נגד] Hif
	וַיִּשָּׂא	[נשׂא]
V. 8 und 12	מָלְוכָה	→ Qeré
V. 9	lies statt בִּי : בּוֹ	
	לָנוּעַ	„zu schwanken / baumeln“
V. 15	בֹּאוּ	[בוא] impt

Grammatik-Paragraphen:

Tabelle der Suffixe und Betonung der Suffixformen: 19 a; 51 — Verben פ״א: 42 — Verben ל״ה: 46 a-n

---

Verbklasse ל״ה – Beispiel: גלה							
	Qal	Nif`al	Pi`el	Pu`al	Hitpa`el	Hif`il	Hof`al
AK 3 m s	גָּלָה	נִגְלָה	גִּלָּה	גֻּלָּה	הִתְגַּלָּה	הִגְלָה	הָגְלָה
PK 3 m s	יִגְלֶה	יִגָּלֶה	יְגַלֶּה	יְגֻלֶּה	יִתְגַּלֶּה	יַגְלֶה	יָגְלֶה
Besonderheiten: Existenz von Kurzformen (vgl. Lektion 17). Die Stammesmerkmale bleiben erhalten. Vokalische Afformative: Ausfall des ה, Konsonantische Afformative: י tritt an die Stelle von ה. Partizipien wie Nomen ל״ה.							
Imperativ m s mit der Endung ֵה ; Infintiv mit der Endung וֹת.							

Verbklasse פ״א – Beispiel: אמר							
	Qal	Nif`al	Pi`el	Pu`al	Hitpa`el	Hif`il	Hof`al
AK 3 m s							
PK 3 m s	יֹאמַר						
Besonderheiten: Außer im PK Qal werden diese Verben wie Verben mit Guttural an 1. Stelle behandelt. In der 1 sg PK Qal fällt das א der Wurzel aus. Einzig schwach gebildeter Infinitiv: לֵאמֹר							

Lektion Fünfzehn

Wenn Sie diese Lektion bearbeitet haben, werden Sie

- auch ungewöhnliche und seltene Suffix-Formen des Verbs analysieren können
- von schwachen Verbformen mit Dagesch forte im ersten sichtbaren Radikal auf die Wurzel schließen können (פ״נ)
- die syntaktische Funktion des Artikels kennen und in einem Erzähltext erläutern können

---

15.1 Zur Einführung: Suffix-Formen

[1] יְהוָה אֱלֹהֵי אֲבֹתֵיכֶם אֱלֹהֵי אַבְרָהָם וֵאלֹהֵי
יִצְחָק וֵאלֹהֵי יַעֲקֹב שְׁלָחַנִי אֲלֵיכֶם (Ex 3,15)

[2] וָאֶשְׁמַע אֶת־קוֹל אֲדֹנָי אֹמֵר אֶת־מִי אֶשְׁלַח
וּמִי יֵלֶךְ־לָנוּ וָאֹמַר הִנְנִי שְׁלָחֵנִי׃ (Jes 6,8)

[3] וַיִּקְרָא שִׁמְשׁוֹן אֶל־יְהוָה וַיֹּאמַר אֲדֹנָי יֱהוִה
זָכְרֵנִי נָא וְחַזְּקֵנִי נָא אַךְ הַפַּעַם הַזֶּה
(Ri 16,28)

[4] אָרוּר הַיּוֹם אֲשֶׁר יֻלַּדְתִּי בּוֹ יוֹם אֲשֶׁר־
יְלָדַתְנִי אִמִּי אַל־יְהִי בָרוּךְ׃ (Jer 20,14)

[5] וַיֹּאמֶר שָׁאוּל אֶל־מִיכַל לָמָּה כָּכָה רִמִּיתִנִי
וַתְּשַׁלְּחִי אֶת־אֹיְבִי וַיִּמָּלֵט (1 Sam 19,17)

[6] מָה־אֱנוֹשׁ כִּי־תִזְכְּרֶנּוּ וּבֶן־אָדָם כִּי תִפְקְדֶנּוּ׃
(Ps 8,5)

15.2 Aufgaben zur Einführung

Achten Sie beim Lesen und Übersetzen der Textbeispiele 15.1 auf die suffigierten Verbformen.

15.2.1 (zu 1 und 2) Woran sind AK und Imperativ zu unterscheiden?

15.2.2 (zu 2 und 3) Welches sind die Merkmale für Impt Qal?

15.2.3 (zu 4 und 5) Welche zusätzlichen Feminin-Merkmale sind vor Suffixen zu erwarten? Warum kann man in Satz 5 die Form רִמִּיתִנִי nicht für eine 1. Person („Ich habe ...") halten?

15.2.4 (zu 6) Achten Sie bei Verbformen mit Suffix und Nun energicum (→ KGr § 26 p) auf den Unterschied zwischen den Suffixen der 1 pl und der 3 m s.

15.2.5 Analysieren Sie:

כְּתַבְתַּ֫נִי - כְּתָבַ֫תְנִי - כְּתַבְתִּיךָ - כְּתָבָתְךָ - כְּתָבוֹ - כְּתָבֵ֫הוּ

15.3 In der Not befragt David den HERRN: aus 1 Sam 30

Vor dem Ende Sauls war David Lehnsmann des Philisterfürsten von Gat und residierte in der südjudäischen Stadt Ziklag. Aus Kapitel 29 geht hervor, dass er kurz von Ziklag abwesend war.

(1) וַיְהִי בְּבֹא דָוִד וַאֲנָשָׁיו צִקְלַג בַּיּוֹם הַשְּׁלִישִׁי וַעֲמָלֵקִי פָּשְׁטוּ אֶל־נֶגֶב וְאֶל־צִקְלַג וַיַּכּוּ אֶת־צִקְלַג וַיִּשְׂרְפוּ אֹתָהּ בָּאֵשׁ׃

בְּבֹא [בוא] inf + präp ב

Name: Negev

(2) וַיִּשְׁבּוּ אֶת־הַנָּשִׁים וְאֶת־כָּל־אֲשֶׁר־בָּהּ מִקָּטֹן וְעַד־גָּדוֹל

(3) וַיָּבֹא דָוִד וַאֲנָשָׁיו אֶל־הָעִיר וְהִנֵּה שְׂרוּפָה בָּאֵשׁ וּנְשֵׁיהֶם וּבְנֵיהֶם וּבְנוֹתֵיהֶם נִשְׁבּוּ׃

(4) וַיִּשָּׂא דָוִד וְהָעָם אֲשֶׁר־אִתּוֹ אֶת־קוֹלָם וַיִּבְכּוּ

(6) וַתֵּצֶר לְדָוִד מְאֹד כִּי־אָמְרוּ הָעָם לְסָקְלוֹ כִּי־מָרָה נֶפֶשׁ כָּל־הָעָם אִישׁ עַל־בָּנָיו וְעַל־בְּנוֹתָיו וַיִּתְחַזֵּק דָּוִד בַּיהוָה אֱלֹהָיו׃

וַתֵּצֶר ל „er geriet in Gefahr“

מָרָה נֶפֶשׁ „war verzweifelt“

(7) וַיֹּאמֶר דָּוִד אֶל־אֶבְיָתָר הַכֹּהֵן בֶּן־אֲחִימֶלֶךְ הַגִּישָׁה־נָּא לִי הָאֵפֹד וַיַּגֵּשׁ אֶבְיָתָר אֶת־הָאֵפֹד אֶל־דָּוִד׃

(8) וַיִּשְׁאַל דָּוִד בַּיהוָה לֵאמֹר אֶרְדֹּף אַחֲרֵי הַגְּדוּד־הַזֶּה הַאַשִּׂגֶנּוּ וַיֹּאמֶר לוֹ רְדֹף כִּי־הַשֵּׂג תַּשִּׂיג וְהַצֵּל תַּצִּיל׃

15.4 Seeleute befragen das Los: Jona 1,7-9

וְנֵדְעָה — [ידע] PK Qal

בַּאֲשֶׁר לְמִי = בְּשֶׁלְּמִי — „um wessentwillen“

15.5 Übungen zu 15.3 und 15.4

15.5.1 Achten Sie auf alle schwachen Verbformen, bei denen die Präformativsilbe durch ein Dagesch forte geschärft ist. Dort ist der I. Radikal, ein Nun, assimiliert. Nennen Sie jeweils die Wurzel und analysieren Sie die Form genau. Zu וַיַּכּוּ → KGr § 50 b

15.5.2 Unterscheiden Sie Formen פ״נ von Nif`al-Formen:

וַיִּתְּנֵם - יִקָּחֵהוּ - וַיִּלָּחֶם - נִצָּבִים - הִפַּלְתִּי

15.5.3 Analysieren Sie Verben פ״נ mit Suffixen:

הִגִּידָה - וְנַגִּידֶנּוּ - וְהִגִּישָׁה - וְהִפִּילוֹ - וְהִפַּלְתִּיו - וּבְהַפִּילְכֶם -
וְהִצַּלְתִּים - לְהַצִּילֵנִי - יַצִּילֵנוּ - נְשָׂאֲךָ - נְשָׂאַתְנוּ - יִשָּׂאֶנָּה -
וַתִּשָּׂאֵהוּ - אֶתְּנֶךָּ - תִּתְּנֵנִי - וַיִּתְּנֵהוּ - יִקָּחֵנִי - וְאֶקָּחֵהוּ - תִּקָּחֶנָּה

15.6 Übersicht zu 15.3 und 15.4

hinten schwach ל	innen schwach ע	vorne schwach פ	
ל״א [מצא]		פ״א [אמר]	Diese Verbklassen bieten der Analyse keine Schwierigkeiten: **א** ist meistens geschrieben
		פ״נ [נפל]	Meist am Dagesch forte im ersten sichtbaren Radikal zu erkennen
ל״ה [גלה] (= ל״ו oder ל״י)	ע״ו [קום] ע״י [שׂים] ע״ע [סבב]	פ״ו [ישב] פ״י [יטב]	Zu diesen Klassen werden Sie in den folgenden Lektionen weitere Analyse-Merkmale lernen.

15.7 Das Ende Abimelechs: Ri 9,50-54

15.7.1 Der Text

V. 53	וַתָּרִץ	[רצץ] Hif zerschmettern
V. 54	וּמוֹתְתֵנִי	[מות] „und töte mich“

15.7.2 Artikel und Determination im Text

15.7.2.1 Achten Sie besonders auf den Gebrauch des Artikels. Unterstreichen Sie verschiedenfarbig oder schreiben Sie heraus: einerseits die „determinierten" Nomina und Nominalgruppen, anderseits die nicht determinierten.

Vergleichen Sie die Anzahl der Wörter in beiden Reihen. Vergleichen Sie die Reihen auch unter dem inhaltlichen Gesichtspunkt: Welche enthält die für den Hörer / Leser wichtigeren Informationen?

15.7.2.2 Der Artikel verweist den Hörer / Leser auf Bekanntes. Prüfen Sie in jedem Fall, woher die Bekanntheit stammt:

- aus dem unmittelbar vorhergehenden Kontext?
- aus der Sprechsituation?
- aus den allgemeinen Sach- und Sprachkenntnissen?

15.7.2.3 Welche anderen sprachlichen Elemente verweisen den Hörer / Leser zurück auf ihm schon Bekanntes? Inwiefern ist הַנַּעַר (V. 54) ein Sonderfall?

*15.8 Eine Prophetenlegende: 2 Kön 2,19-22

V. 20	וְשִׂימוּ	[שׂים] impt Qal
V. 22	וַיֵּרָפוּ	= וַיֵּרָפְאוּ

*15.9 Die Geschichte von Jona: Jona 1 - 4

15.9.1 Wenn Sie über den kleinen Ausschnitt von 15.4 hinaus Interesse am Buch Jona haben, können Sie es auch ganz lesen und übersetzen (allerdings ohne den Psalm in Kapitel 2).

15.9.2 Schwache Verben, die noch nicht besprochen wurden, sind: (1,4.12.15) טול, (1,13) שׁוב, (2,11) קיא, (4,10) חוס,

Verben ע״וי (Hohle Wurzel) → KGr § 48

15.9.3 (1,5) קלל, (3,4) חלל, (4,1) רעע,

Verben ע״ע → KGr § 49

15.9.4 שָׂאוּנִי (1,12) erkennen Sie, nachdem Sie וַיִּשְׂאוּ (1,15) verstanden haben, und (Kap 4,4) הַהֵיטֵב ([יטב] Hif) übersetzen Sie einfach mit „ist es richtig, dass?".

Grammatik-Paragraphen:

Suffixe: 51 — Verben פ״נ: 43 — Artikel: 13

Verbklasse פ״נ – Beispiel: נגשׁ

	Qal	Nif`al	Pi`el	Pu`al	Hitpa`el	Hif`il	Hof`al
AK 3 m s		נִגַּשׁ				הִגִּישׁ	הֻגַּשׁ
PK 3 m s	יִגַּשׁ					יַגִּישׁ	יֻגַּשׁ

Besonderheiten: Im Qal schwache Imperative und Infinitive bei Verben auf a:
גַּשׁ (Imperativ) und גֶּשֶׁת (Infinitiv).
לקח wird wie פ״נ gebildet. Sonderformen bei נתן → KGr § 43 g.

Lektion Sechzehn

Wenn Sie diese Lektion bearbeitet haben, werden Sie

- schwache Verbformen mit o bzw. u in der offenen Präformativsilbe analysieren können (Verben פ״ו)
- Infinitive der Verben ל״ה an ihrer Endung erkennen können
- וַיְהִי als volles Prädikat und als Gliederungszeichen unterscheiden und bei der Übersetzung beachten können
- Vokalisations-Besonderheiten der Gutturale wiederholt haben und sie bei der Analyse von schwachen Verbformen berücksichtigen können

---

16.1 Zur Einführung: Psalm 106,6-10

חָטָאנוּ עִם־אֲבוֹתֵינוּ הֶעֱוִינוּ הִרְשָׁעְנוּ׃	(6)	Wir haben gesündigt samt unsern Vätern; haben Unrecht begangen, gefrevelt:
אֲבוֹתֵינוּ בְמִצְרַיִם לֹא־הִשְׂכִּילוּ נִפְלְאוֹתֶיךָ לֹא זָכְרוּ אֶת־רֹב חֲסָדֶיךָ וַיַּמְרוּ עֶלְיוֹן בְּיַם־סוּף׃	(7)	Unsere Väter in Ägypten begriffen nicht deine Wunder. Sie dachten nicht an die Vielzahl deiner Gnaden und empörten sich gegen den Höchsten am Schilfmeer.
וַיּוֹשִׁיעֵם לְמַעַן שְׁמוֹ לְהוֹדִיעַ אֶת־גְּבוּרָתוֹ׃	(8)	Doch er rettete sie um seines Namens willen, um seine Macht bekannt zu machen.
וַיִּגְעַר בְּיַם־סוּף וַיֶּחֱרָב וַיּוֹלִיכֵם בַּתְּהֹמוֹת כַּמִּדְבָּר׃	(9)	Er schalt das Schilfmeer, und es vertrocknete, und er ließ sie gehen durch die Fluten wie (durch) die Wüste.
וַיּוֹשִׁיעֵם מִיַּד שׂוֹנֵא וַיִּגְאָלֵם מִיַּד אוֹיֵב׃	(10)	So rettete er sie aus der Hand des Hassers, löste sie aus Feindeshand.

16.2 Aufgaben zur Einführung

16.2.1 Lesen Sie zunächst nur die Verse 6 und 7 und versuchen Sie, die Verbformen zu analysieren. Die Übersetzung ist als Hilfe bei der Analyse gedacht.

Vergleichen Sie die Hif`il-Formen miteinander: Welches sind Verben ל״ה? Woran sind diese zu erkennen?

Welche Merkmale haben die Formen der Verben ל״ה mit denen der starken Verben gemeinsam?

16.2.2 Verse 8 - 10: Verbformen mit langem o in der offenen Präformativsilbe

Beginnen Sie mit der Analyse von לְהוֹדִיעַ (8b). Analysieren Sie dann וַיּוֹשִׁעֵם (8a.10) und וַיּוֹלִיכֵם (9b).

Auch bei נוֹתָר (Hif „übrig lassen") hilft die Übersetzung: Welcher Stamm liegt hier vor?

16.2.3 Kontrollieren Sie Ihre Ergebnisse in der Grammatik und formulieren Sie eine Analyseregel, indem Sie die folgenden Sätze ergänzen (→ KGr § 45 j):

Bei Verbformen mit langem o in der offenen Präformativsilbe handelt es sich um schwache Verben der Klasse .... in allen Formen des .... oder in der Afformativ-Konjugation des ....

16.2.4 Wenn Sie sich an bekannte Verbformen wie וַיֹּאמֶר erinnern, müssen Sie diese Analyseregel noch um einen Satz erweitern: (→ KGr § 42)

Langes o haben auch Verben der Klasse .... in der .... - Konjugation des Qal.

16.3 Ein neues Lied für den Herrn: Psalm 98,1-3

V. 1	שִׁירוּ	[שׁיר] impt pl

16.4 Josef in Potifars Haus: aus Gen 39

Bearbeiten Sie nur die Verse: 1-2, 4-5a und 6b-20.

V. 15	הֲרִמֹתִי	[רום] AK Hif
V. 16	וַתַּנַּח	[נוּחַ] Hif „sie ließ liegen"
V. 18	כַּהֲרִימִי	[רום] inf Hif + כְּ + suf

Weitere Hinweise zur Übersetzung in Übung 16.5.

16.5 Übungen zu den Texten 16.3 und 16.4

16.5.1 Psalm 98

Analysieren Sie alle Verbformen, achten Sie besonders auf Verben פ״ו und ל״ה. Wo finden Sie נִפְלָאוֹת im Lexikon?

16.5.2 Gen 39 - Verbformen

Bearbeiten Sie diese Übungen parallel zum Übersetzen.

16.5.2.1 Vergleichen Sie in Vers 1 das erste und das vorletzte Wort. Analysieren Sie zuerst die letztere Form. In welchem Stamm kann ein u in der Präformativsilbe vorkommen?

16.5.2.2 Wiederholung: Verben mit Gutturalen. Bestimmen Sie den Stamm und erläutern Sie die Besonderheiten von:

V. 4: וַיְשָׁרֶת, V. 8: וַיְמָאֵן, V. 9: אֶעֱשֶׂה, V. 12: וַיַּעֲזֹב und V. 14: לְצַחֶק.

16.5.2.3 In den Versen 10, 11 und 12 kommen Infinitive von Ihnen bekannten Verben der Klasse ל״ה vor. Bestimmen Sie Wurzel und Stamm. Welches ist das Merkmal für Infinitive von Verben ל״ה?

16.5.3 Gen 39 - Zur Syntax

16.5.3.1 Nominal- und Verbalsätze

Achten Sie darauf, dass der Text nicht mit einem Narrativ beginnt. Vielmehr enthalten die ersten Sätze einen Rückgriff auf das Ende von Kapitel 37. Welches Tempus steht im Deutschen? Wo setzt die eigentliche Erzählung ein?

16.5.3.2 Prüfen Sie immer, ob וַיְהִי

(a) einfach das Prädikat eines Satzes, also „Vollverb", oder

(b) Einleitungs- bzw. Hinweisformel ist.

Im Fall (b) beschreiben Sie die Konstruktion: Wie ist der Einschub formuliert? Wo setzt der „Hauptsatz" ein? Und übersetzen Sie richtig. → KGr § 62 l; 65 h

16.5.3.3 Verschaffen Sie sich nach der Übersetzung einen Überblick darüber, wie der ganze Text durch den Gebrauch der וַיְהִי-Formel gegliedert ist.

16.5.4 Analysen

16.5.4.1 Üben Sie Verbenanalysen an folgenden Formen:

הוֹדִיעַנִי - הוֹדִעֵנִי - הוֹלִיד - הוֹצֵאתִיךָ - אוֹדִעֲךָ - וְהוֹרַדְתִּי -
וְהוֹרַדְתָּ - הוֹשֵׁב - לְהוֹשִׁיב - וְהוֹלַכְתִּיהָ - נוֹרָא - הַנּוֹלָדִים -
הַמּוֹצִיאֲךָ - מוֹלִיכִים - אֹמֵר - אֹמַר - אֱמֹר - וָאֹכַל - וַיֹּאסֶף -
וַיּוֹסֶף - וַיֹּסֶף*

* Dies ist nur einmal (2 Sam 6,1) eine Form von der Wurzel אסף.

16.5.4.2 Vergleichen Sie die folgenden Hifʿil-Formen mit den entsprechenden Qal-Formen (Vok 9A und 14):

וַיּוֹצֵא - וַיּוֹרֶד - וַיּוֹשֶׁב - וַיּוֹלֶד - וַיּוֹלֶךְ

*16.6 Texte für Wiederholungsübungen

*16.6.1 Aus tiefer Not – Ein Klagelied: Psalm 130

*16.6.2 „Wir dienen dem HERRN“ - Landtag in Sichem: Jos 24,1-5.13-16

Erläuterungen und Hinweise zur Übersetzung:

V. 4	לָרֶשֶׁת	[ירשׁ] inf Qal + ל

Beachten Sie das Verhältnis von Verbal- und Nominalsätzen; finden Sie die passende deutsche Satzverbindung bei וְיַעֲקֹב.

V. 6 - 12 setzen den als Gottesrede stilisierten Überblick über die Vorgeschichte Israels fort bis zur Landnahme.

V. 13: אֲשֶׁר-Sätze: Wiederholen Sie Lektion 8, Übung 8.7.

V. 14	יְראוּ	[ירא] impt Qal
	וְהָסִירוּ	[סור] impt Hif

Welche Funktion hat hier וְעַתָּה? Achten Sie darauf, dass die Tempusformen wechseln.

V. 15: Zu אִם → KGr § 62 o.

Beachten Sie nach dem Fragesatz אֶת־מִי תַעֲבֹדוּן den parallelen Satzbau. Zu תַעֲבֹדוּן → KGr § 26 o (Nun paragogicum).

V. 16: Zu מֵעֲזֹב → KGr § 65 g. Das ergibt zusammen mit חָלִילָה eine doppelte Verneinung.

V. 17	מַעֲלֶה	[עלה] ptz Hif
V. 19	תוּכְלוּ	[יכל] Qal
V. 20	וְשָׁב וְהֵרַע	„er wird wieder Böses tun“
	הֵיטִיב	[יטב] AK Hif

Fassen Sie das einleitende כִּי zunächst als bekräftigende Partikel auf: „ja / gewiss“. Finden Sie dann nach dem inhaltlichen Verhältnis der Sätze die richtige deutsche Satzverbindung; ebenso in den folgenden Versen.

V. 23	הָסִירוּ	[סור] impt Hif
	וְהַטּוּ	[נטה] impt Hif
V. 26	וַיְקִימֶהָ	[קום] Hif + Suffix 3 f

16.7 Zur Wortkunde

16.7.1 Stellen Sie zur Wiederholung erneut eine Sachgruppe „Gott und Mensch“ zusammen (→ Lektion 10). Die Vokabeln aus Psalm 98 gehören dazu sowie aus früheren Lektionen

die Verben: אמן הטא הלל נבא קדש וַיִּשְׁתַּחוּ

die fast synonymen Wörter für „Sünde“: פֶּשַׁע חַטָּאת עָוֹן

und: נְאֻם־יְהוָה נָקִי חֵן רַחֲמִים שָׁלוֹם

16.7.2 Merken Sie sich 6 schwache Verben פ״א

אמר sagen, אבה wollen, אכל essen, אפה backen, אבד zugrunde gehen und אהב lieben (das nur in der 1. Person Singular schwache Formen bildet).

Er **sagte** zu ihr: „Ich **liebe** dich. Darum **will** ich **essen**, was du **gebacken** hast, und wenn ich daran **zugrunde gehe**.“

Grammatik-Paragraphen:

Verben mit Gutturalen: 41 — Verben פ״א: 42 — Verben פ״ו / הלך: 45 — inf der Verben ל״ה: 46 g — וַיְהִי: 62 l; 65 h

---

<table>
<tr><td colspan="8">Verbklasse פ״ו – Beispiel: ישב / ירא</td></tr>
<tr><td></td><td>Qal</td><td>Nif`al</td><td>Pi`el</td><td>Pu`al</td><td>Hitpa`el</td><td>Hif`il</td><td>Hof`al</td></tr>
<tr><td>AK 3 m s</td><td></td><td>נוֹשַׁב</td><td></td><td></td><td></td><td>הוֹשִׁיב</td><td>הֻשַׁב</td></tr>
<tr><td>PK 3 m s</td><td>יֵשֵׁב
יִירָא</td><td>יִוָּשֵׁב</td><td></td><td></td><td></td><td>יוֹשִׁיב</td><td>יֻשַׁב</td></tr>
<tr><td colspan="8">Besonderheiten: Die meisten Verben mit י gehören zur Verbklasse פ״ו. 6 Verben dieser Klasse (ישב - ירד - ידע - יצא - ילד - הלך(!)) bilden im Qal PK-Formen auf e sowie schwache Imperative und Infinitive: Imperativ: שֵׁב
Infintiv: שֶׁבֶת</td></tr>
</table>

Lektion Siebzehn

Wenn Sie diese Lektion bearbeitet haben, werden Sie

- alle Formen der Verben ל״ה analysieren können.
- Neu eingeführt werden die Kurzformen der Verben ל״ה.

17.1 Wiederholung

Fassen Sie zusammen, was Sie bisher über die Analyse von schwachen Verbformen ל״ה gelernt haben:

17.1.1 Wie verhalten sich Verben ל״ה zu starken Verben in Bezug auf die Präformativsilben?

Wie sind vokalische Afformative und Suffixe angefügt?

Wie sind konsonantische Afformative angefügt?

Woran erkennt man Infinitive?

17.1.2 Üben Sie, indem Sie die folgenden Formen analysieren:

יִבְנֵ֫הוּ - וַיִּבְנוּ - תִּבָּנֶה - בָּנִית - בָּנ֫וּהָ - בְּנוּ - בְּנִיתֶם - וְכִסָּ֫הוּ - וְכִסּוּ -
וַתְּכַסִּים - וַתְּכַסֵּ֫נִי - יִתְכַּסּוּ - עֲשִׂי - עָשׂוּ - עֲשׂוֹת - וַיַּעֲשׂ֫וּנִי - וְעָשִׂ֫ינוּ -
עֲשִׂיתֶם - קָנָ֫נִי - קָנִ֫ינוּ - קְנוֹתְךָ - תִּקְנוּ - יִקְנוּ - וְקָנִ֫יתָ - וְשָׁתוּ - וּשְׁתוּ -
לִשְׁתּוֹתָהּ - לְהַשְׁקוֹתָם - יַשְׁקֶה - יִשְׁקֶה

17.1.3 Analysieren Sie die folgenden Verbformen ל״ה, deren letzte Silben auf einen Vokal ausgehen.

הִתְרָאָה - הֶרְאָה - גֻּלָּה - נִבְנָה - בָּנָה - יִתְגַּלֶּה - אַרְאֶה - תְּכַסֶּה -
וַיִּבָּנֶה - יִגְלֶה - נִבְנֶה - מִתְכַּסֶּה - מַעֲלֶה - מְגַלֶּה - נִבְנֶה - עֹשֶׂה -
עֲלֵה - גַּלֵּה - הַשְׁקֵה - בְּנֵה

17.1.4 Fassen Sie zusammen:

Auf welchen Vokal enden: AK-Formen?
PK-Formen?
Partizipformen?
Imperativformen?

LAMED-he: vorne stark, hinten schwach

17.2 Zur Einführung: Kurzformen

17.2.1 Textbeispiele

[1] כִּי־הִנֵּה חֹשֶׁךְ יְכַסֶּה־אֶרֶץ וַעֲרָפֶל לְאֻמִּים
וְעָלַיִךְ יִזְרַח יְהוָה וּכְבוֹדוֹ עָלַיִךְ יֵרָאֶה׃
(Jes 60,2)

Denn siehe, Finsternis bedeckt die Erde und Dunkel die Völker; aber über dir geht auf JHWH; und seine Herrlichkeit erscheint über dir.

[2] וַיַּעַל מֹשֶׁה אֶל־הָהָר וַיְכַס הֶעָנָן אֶת־הָהָר׃
(Ex 24,15)

[3] וַיַּעַל מֶלֶךְ אַשּׁוּר אֶל־דַּמֶּשֶׂק וַיִּתְפְּשֶׂהָ וַיַּגְלֶהָ
(2 Kön 16,9)

Der König von Assyrien .... nach Damaskus, nahm es ein und ....

[4] בַּשָּׁנָה הַתְּשִׁיעִית לְהוֹשֵׁעַ לָכַד מֶלֶךְ אַשּׁוּר
אֶת־שֹׁמְרוֹן וַיֶּגֶל אֶת־יִשְׂרָאֵל אַשּׁוּרָה
(2 Kön 17,6)

Im 9. Jahr Hoseas nahm der König von Assyrien Samaria ein und .... Israel nach Assyrien.

[5] וַיִּגֶל אָזְנָם לַמּוּסָר
וַיֹּאמֶר כִּי־יְשֻׁבוּן מֵאָוֶן׃ (Hiob 36,10)

Er .... ihr Ohr für Mahnung und sagte, dass sie vom Bösen umkehren sollten.

[6] וָאֵפֶן וָאֵרֵד מִן־הָהָר (Dtn 9,15)

Ich .... und ging hinab vom Berg.

[7] וַיֹּאכַל וַיֵּשְׁתְּ וַיָּקָם וַיֵּלַךְ וַיִּבֶז עֵשָׂו אֶת־
הַבְּכֹרָה׃ (Gen 25,34)

... ... Esau das Erstgeburtsrecht.

17.2.2 Aufgaben zu 17.2.1

Bestimmen Sie bei allen Verbformen ל״ה den Stamm:

17.2.2.1 Beschreiben Sie den Unterschied zwischen Voll- und Kurzform in den Beispielen [1] und [2]. Welche Merkmale des Stammes sind erhalten?

17.2.2.2 Beispiel [3]: Wo erkennen Sie Hif'il-Merkmale? Welches Problem bietet die Form וַיַּעַל?

17.2.2.3 Welcher Stamm muss וַיֶּגֶל [4] sein? Versuchen Sie, den Unterschied zu וַיַּגְלֶה [3] zu erklären.

17.2.2.4 Welchen Stamm erkennen Sie in den Kurzformen der Verben bei den Textbeispielen [5] bis [7]?

17.2.2.5 Um welche Merkmale müssen Sie Ihren Merkmal-Katalog für die Stämme des Verbs erweitern?

17.3 Bileams Eselin: Num 22,21-35

Der Seher Bileam wird von einer Gesandtschaft Balaks, des Königs von Moab, aufgefordert, die Israeliten zu verfluchen, die dessen Land zu bedrohen scheinen. Gott hatte ihm zunächst verboten, den Auftrag anzunehmen.

Sie können an zwei Stellen den Text ändern, um sich die Übersetzung zu erleichtern:

Vers 32, drittletztes Wort: Lesen Sie יָרַטְתָּ statt יָרַט.

Vers 33 b: Lesen Sie לוּלֵי statt אוּלַי.

17.4 Übungen zu 17.3

17.4.1 Zur Formenanalyse

17.4.1.1 Analysieren Sie parallel zur Übersetzung alle schwachen Verbformen ל״ה.

17.4.1.2 Stellen Sie allen Kurzformen die regelmäßigen Vollformen gegenüber.

17.4.1.3 Stellen Sie die Formen von נכה und נטה gesondert zusammen.

17.4.2 Zur Syntax

17.4.2.1 Finden Sie für die Nominalsatz-Einschübe in 22b, 23 und 31 die angemessene Übersetzung.

17.4.2.2 Finden Sie in 28 und 29 die richtige Übersetzung für die Partikel כִּי. Gehen Sie aus von der Grundfunktion „ja / gewiss".

17.4.2.3 Vergleichen Sie die parallel gebauten Satzgefüge 29b und 33b. Beschreiben Sie den Satzbau. Was für Sätze müssen im Deutschen stehen?

17.5 Die Fluch-Reihe von Sichem: Dtn 27,14-26

Hilfe für die Übersetzung: Für ein besseres Verständnis des Inhalts lesen Sie bitte vor der eigenen Übersetzung die Verse 11-13 von Dtn 27 in einer deutschen Bibelübersetzung nach.

V. 14	הַלְוִיִּם	Die Leviten
V. 15	וְשָׂם	[שׂים] AK cons Qal (Vok 13)
V. 17	מַסִּיג	[סוג] Ptz Hif
V. 26	יָקִים	[קום] PK Hif

17.6 Übungen zu 17.5

17.6.1 Zur Formenanalyse

17.6.1.1 Stellen Sie alle Partizip-Formen zusammen und ordnen Sie sie nach den Stämmen Qal und Hif`il.

17.6.1.2 Achten Sie auf die Partizipien מַטֶּה und מַכֶּה.

Bilden Sie zu diesen Verben auch den Narrativ Hif'il (Voll- und Kurzform 3 m s). Bilden Sie dazu auch den Imperativ Hif'il (Voll- und Kurzform). Kontrollieren Sie die Formen in KGr § 46 m.

Prägen Sie sich von נטה auch die Qal-Formen ein.

17.6.1.3 Wie hätten Sie - wäre nichts anderes angegeben gewesen - die Formen מַסִּיג (V.17) und וַיִּקֹּד (Num 22,31) analysiert?

Erweitern Sie Ihren Merkmalkatalog bzw. Ihre Analyseregel aus 15.5. (Zum Glück kommt קדד zwar nur 15 mal, aber immer nur zusammen mit הִשְׁתַּחֲוָה vor.)

17.6.2 Zur Wiederholung

Wie unterscheiden sich Absolutus- und Constructus-Formen der Nomina ל״ה? Vergleichen Sie V. 19 mit V. 24.

17.6.3 Zur Syntax

Vergleichen Sie den Gebrauch des Partizips in den Versen 16, 18, 19 mit dem in Vers 24. Erläutern Sie die unterschiedliche Satzstruktur.

17.6.4 Zur Gliederung des Textes

Welchen Unterschied sehen Sie in der Formulierung des fluchwürdigen Verhaltens in 15 und 26 im Vergleich zu den Versen 16 bis 25?

Könnte dem formalen Unterschied auch ein inhaltlicher entsprechen?

17.7 Übung zur Wortkunde

Stellen Sie zur Wiederholung von Vokabeln ein Wortfeld „Familie und tägliches Leben" zusammen, z.B.:

17.7.1 Mann, Frau, Vater, Mutter, Sohn usw. (unregelmäßige Nomina), männlich, weiblich, Großfamilie

17.7.2 Freund, junger Mann, junge Frau, Diener, Sklave, Sklavin, Erbe, Arbeit, Werk, Handwerker, bauen, dienen,

17.7.3 Vieh, Rind, Schafe und Ziegen, Esel, Kamel, Widder, Weinberg, Feld, Garten, Samen, weiden, schlachten,

17.7.4 gebären, leben, sterben, begraben, unfruchtbar, essen, trinken, lieben, sich legen, aufstehen, stehen, ruhen, sitzen, anziehen, waschen,

17.7.5 Haus, Dach, Mauer, Tür, Tor, Garten, Hof, Gerät, Zelt, Kleid, Eisen, Holz, Brot, Wein, Frucht, Hunger, Feuer, Wasser, Quelle, Brunnen, Zisterne.

17.8 Unpunktierter Text: Dtn 27,15-20.26

(15) ארור האיש אשר יעשה פסל ומסכה
תועבת יהוה מעשה ידי חרש ושם בסתר
וענו כל־העם ואמרו אמן:
(16) ארור מקלה אביו ואמו
ואמר כל־העם אמן:
(17) ארור מסיג גבול רעהו
ואמר כל־העם אמן:
(18) ארור משגה עור בדרך
ואמר כל־העם אמן:
(19) ארור מטה משפט גר־יתום ואלמנה
ואמר כל־העם אמן:
(20) ארור שכב עם־אשת אביו
כי גלה כנף אביו
ואמר כל־העם אמן:
(26) ארור אשר לא־יקים את־דברי
התורה־הזאת לעשות אותם
ואמר כל־העם אמן:

Grammatik-Paragraphen:

Verben ל״ה: 46 — Nomen ל״ה: 23 c-d

Lektion Achtzehn

Wenn Sie diese Lektion bearbeitet haben, werden Sie

- schwache Imperativformen der Verben פ״נ, פ״ו, ל״ה und ע״וי als solche erkennen und ihren Wurzeln zuordnen können
- וְהָיָה als Einleitungs- und Gliederungsformel im Text erkennen, die Struktur der Sätze beschreiben und solche Sätze übersetzen können

---

18.1 Einführung: Imperative

18.1.1 Wiederholung

18.1.1.1 Wiederholen Sie die Faustregel aus Lektion 9: Wie verhalten sich PK und Imperativ zueinander? → 9.2.2

18.1.1.2 Nennen Sie zu den folgenden PK-Formen die Imperative:

תַּעֲזֹב - תִּשְׁכַּב - תְּחַזֵּק - תִּשְׁאַל - תְּבַקְשׁוּ - תְּהַלְלוּ - תְּשַׁלְּחוּ

18.1.1.3 ebenso:

תִּקַּח - תִּקְחוּ - תִּתֵּן - תִּתְּנוּ - תֵּלֵךְ - תֵּלְכוּ

und weiter, immer Imperativ Singular und Plural:

תֵּשֵׁב - תֵּצֵא - תֵּרֵד - תֵּדַע - תִּגַּשׁ - תִּשָּׂא

18.1.1.4 ebenso (Plural-Endung וּ ist hier unbetont):

תָּקוּם - תָּשׁוּב - תָּשִׂים - תָּבוֹא

18.1.1.5 Im Qal der Verben ל״ה trifft die Faustregel nicht zu (→ Übg. 17.1.4), wohl aber bei Kurzformen des Pi`el. Nennen Sie die Imperative (s und pl) zu:

תִּשְׁבֶּה - תִּבְנֶה - תַּעֲשֶׂה - תַּעֲלֶה - תִּפְנֶה - תִּגְלֶה - וַיְגַל -
וַיְכַס - וַיְצַו

18.1.1.6 Welchen Verbklassen gehören die Verben in Aufgabe 18.1.1.3 an?

18.1.2 Formulieren Sie, wenn nicht jetzt, dann nach der Bearbeitung des Textes Jer 29, Analyseregeln, indem Sie die folgenden Sätze ergänzen:

> Zweiradikalige Imperative (m s) vom Typ שֵׁב oder גַּשׁ gehören zu Verben der Klassen .... oder ....
>
> Zweiradikalige Imperative (m pl) vom Typ שְׁבוּ gehören zu Verben der Klassen .... oder .... oder ....

18.2 „Suchet der Stadt Bestes!“: Jer 29,1-7

Der Brief Jeremias an die Deportierten in Babel

Analysieren Sie alle Verbformen. Achten Sie besonders auf Imperativformen.

18.3 Texte zur Einführung der Infinitivformen

18.3.1 Alles hat seine Zeit: Koh 3,1-9

Lesen Sie den Text in der Biblia Hebraica. Bearbeiten Sie ihn vor allem unter dem Gesichtspunkt, dass Sie ein schönes und berühmtes Beispiel hebräischer Dichtung vor sich haben.
Achten Sie aber auch auf Verbformen, vor allem auf die Infinitive (s.u. Übung 18.4).

18.3.2 Was gut ist: Mi 6,8

הֻגַּד לְךָ אָדָם מַה־טּוֹב וּמָה־יְהוָה דּוֹרֵשׁ מִמְּךָ
כִּי אִם־עֲשׂוֹת מִשְׁפָּט וְאַהֲבַת חֶסֶד וְהַצְנֵעַ לֶכֶת עִם־אֱלֹהֶיךָ׃

18.3.3 Ein Segen für den Wallfahrer: Ps 121,7f

(7) יְהוָה יִשְׁמָרְךָ מִכָּל־רָע יִשְׁמֹר אֶת־נַפְשֶׁךָ׃
(8) יְהוָה יִשְׁמָר־צֵאתְךָ וּבוֹאֶךָ מֵעַתָּה וְעַד־עוֹלָם׃

18.4 Aufgaben zur Einführung

18.4.1 Achten Sie beim Lesen und Übersetzen der Texte auf die Infinitiv-Formen. Legen Sie eine Tabelle nach folgendem Muster an:

ע״ו	פ״ו	פ״נ	ל״ה	
מות	ילד	נטע	בנה	Wurzel
			בְּנוֹת	Infinitiv

18.4.2 Tragen Sie die schwachen Infinitiv-Formen (ohne das Präfix) zusammen mit der zugehörigen Wurzel in die Tabelle ein.

18.4.3 Wenn Infinitive mit Suffixen auftreten, schreiben Sie auch die suffixlose Form auf.

18.4.4 Wie müssen nach Analogie Ihrer Beispiele die Infinitive lauten zu:

הלך - ידע - ירד - ישב - נגשׁ - נגע

18.4.5 Formulieren Sie auch für die schwachen Infinitive Analyseregeln (wie 18.1.2):

Infinitive wie שֶׁבֶת oder גֶּשֶׁת, die auf ת ausgehen und als Segolata vokalisiert sind, gehören zu Verben der Klassen .... oder ....
Infinitive, die wie בְּנוֹת auf וֹת ausgehen, gehören zu Verben der Klasse ....

18.5 „Der Herr ist Einer“: Dtn 6,4-12

יְבִיאֲךָ (V. 10) = Hif`il von בוא

18.6 Übungen zu 18.5

18.6.1 Formen

18.6.1.1 Analysieren Sie die Infinitive in V. 7-10.

18.6.1.2 Nehmen Sie in Ihre Zusammenstellung von 18.4 noch die Infinitive der folgenden Verben auf:

צוה Pi`el - עשה - שבה - שוב - שים

Beschreiben Sie, an welchen Merkmalen die verschiedenen Klassen schwacher Verben zu erkennen sind und wo sich Formübereinstimmungen ergeben.

18.6.2 Syntax

18.6.2.1 In V. 10 ist וְהָיָה Einleitungsformel. Beschreiben Sie die Konstruktion:

Wie ist der Einschub formuliert?

Wie ist hier der „Hauptsatz“ angeschlossen?

18.6.2.2 Welche „Hauptsatz“-Verknüpfung wäre sonst noch möglich?
→ KGr § 62 l; 65 h; 66d

Woraufhin sind also AK-cons-Verbindungen in einer solchen Konstruktion immer zu befragen?

18.6.2.3 Wie steht es mit dem Anschluss der beiden Verbformen am Ende von V. 11?

18.7 Zur Wortkunde

18.7.1 Verben der Bewegung

18.7.1.1 Wiederholen Sie die Verben der Bewegung, die Sie bisher gelernt haben, wie z.B.: abwenden, sich zuwenden, sich nähern, laufen, reiten, fliehen, verfolgen, gefangen wegführen, gehen.

18.7.1.2 Verben, die im Deutschen mit „gehen“ zusammengesetzt werden, sind im Hebräischen selbständige Verben wie z.B.:

בוא - עלה - עבר - יצא - ירד - שוב

18.7.2 Sechs Verben פ״ו auf e

Sechs Verben פ״ו haben im Qal ein langes e in der Präformativsilbe und bilden schwache Imperative und Infinitive. Dazu eine Merk-Geschichte:

„Ein Mann ging aus seinem Haus heraus,	צֵאת	צֵא	וַיֵּצֵא
ging hinab ins Tal,	רֶדֶת	רֵד	וַיֵּרֶד
ließ sich dort nieder,	שֶׁבֶת	שֵׁב	וַיֵּשֶׁב
‘erkannte’ ein Weib,	דַּעַת	דַּע	וַיֵּדַע
sie gebar einen Sohn,	לֶדֶת	-	וַתֵּלֶד
und er ging weg.“	לֶכֶת	לֵךְ	וַיֵּלֶךְ

*18.8 Texte für weitere Übungen

*18.8.1 Der leidende Gottesknecht: Jes 53,4-7

מְחֻלָּל ist ein passivischer Doppelungsstamm von חלל II

*18.8.2 Sauls Sieg über die Ammoniter: 1 Sam 11,1-11a

PN: Nahasch, der Ammoniter

ON: Jabesch in Gilead, Gibea Sauls, Besek

V. 2	וְשַׂמְתִּיהָ	[שׂים] AK cons Qal

Worauf weist בְּזֹאת voraus, und worauf weist ־ָה (suf fem) zurück?

V. 9	חֹם הַשֶּׁמֶשׁ	[חמם] inf Qal
V. 11	חֹם הַיּוֹם	

Grammatik-Paragraphen:

Verben פ״נ: 43 (bes. e) — Verben פ״ו: 45 (bes. f+h) — Verben ל״ה: 46 g — וְהָיָה: 62 l; 65 h; 66 d

Lektion Neunzehn

Wenn Sie diese Lektion bearbeitet haben, werden Sie

- schwache Verbformen mit langem a in der offenen Präformativsilbe den zweiradikaligen Wurzeln zuordnen und
- an weiteren Merkmalen die beiden Klassen der zweiradikaligen Verben unterscheiden können
- in Texten auf Zusammenhänge zwischen Satzbau, Tempusgebrauch und Gliederung achten und so Aussagen über Form und Gattung von Texten machen können

---

19.1 Zur Einführung

כֹּה אָמַר יְהוָה בִּמְקוֹם אֲשֶׁר לָקְקוּ הַכְּלָבִים אֶת־דַּם נָבוֹת יָלֹקּוּ הַכְּלָבִים אֶת־דָּמְךָ גַּם־אָתָּה׃ (1 Kön 21,19)	[1]	So spricht JHWH: „An der Stelle, wo die Hunde das Blut Nabots geleckt haben, werden die Hunde auch dein Blut lecken.“
יְנַקֵּשׁ נוֹשֶׁה לְכָל־אֲשֶׁר־לוֹ וְיָבֹזּוּ זָרִים יְגִיעוֹ׃ (Ps 109,11)	[2]	Der Wucherer umstrickt all seine Habe, doch Fremde plündern seinen Erwerb.
לֹא־יָבוּזוּ לַגַּנָּב כִּי יִגְנוֹב לְמַלֵּא נַפְשׁוֹ כִּי יִרְעָב׃ (Spr 6,30)	[3]	Man verachtet den Dieb nicht, wenn er stiehlt, um sein Leben zu erhalten, wenn er hungert.
כַּחֲלוֹם מֵהָקִיץ אֵינֶנּוּ בְּהָעִיר צַלְמוֹ תִּבְזֶה׃ (Ps 73,20)	[4]	Wie ein Traum: Beim Erwachen ist er weg; beim Aufstehen verschmähst du sein Bild.
כִּי אָשִׁיב אֶת־שְׁבוּתָם וְרִחַמְתִּים׃ (Jer 33,26)	[5]	Ja, ich wende ihr Geschick und erbarme mich ihrer.
כֹּה אָמַר יְהוָה אִם־תָּפֵרוּ בְּרִיתִי אֶת־הַיּוֹם וּבְרִיתִי אֶת־הַלָּיְלָה לְבִלְתִּי הֱיוֹת יוֹם־וָלַיְלָה בְּעִתָּם׃ גַּם־בְּרִיתִי תֻּפַר אֶת־דָּוִד עַבְדִּי (Jer 33,20f)	[6]	So spricht JHWH: „Wenn ihr meinen Bund mit dem Tag und meinen Bund mit der Nacht brechen könnt, dass Tag und Nacht nicht zur rechten Zeit eintreten, dann wird auch mein Bund mit David, meinem Knecht, gebrochen.“

[7] טֶרֶם יִשְׁכָּבוּ
וְאַנְשֵׁי הָעִיר נָסַבּוּ עַל־הַבַּיִת מִנַּעַר וְעַד זָקֵן
(Gen 19,4)

Noch schliefen sie nicht, als die Männer der Stadt das Haus umzingelten, vom Jüngsten bis zum Ältesten.

[8] יָדַעְתִּי כִּי־נָתַן יְהוָה לָכֶם אֶת־הָאָרֶץ
וְכִי נָמֹגוּ כָּל־יֹשְׁבֵי הָאָרֶץ מִפְּנֵיכֶם׃ (Jos 2,9)

Ich weiß, dass JHWH euch das Land gegeben hat und dass alle Bewohner des Landes vor euch verzagt sind.

[9] תָּמוּת נַפְשִׁי מוֹת יְשָׁרִים וּתְהִי אַחֲרִיתִי כָּהֶם׃
(Num 23,10)

Es sterbe mein Leben den Tod der Gerechten, und es werde mein Ende wie ihres!

[10] וַיֹּאמֶר יִרְמְיָה הַנָּבִיא
אָמֵן כֵּן יַעֲשֶׂה יְהוָה
יָקֵם יְהוָה אֶת־דְּבָרֶיךָ אֲשֶׁר נִבֵּאתָ (Jer 28,6)

Und der Prophet Jeremia sagte: „Wahrhaftig! So wird (könnte? / möge?) JHWH es machen! JHWH richte auf (verwirkliche) deine Worte, die du geweissagt hast."

19.2 Aufgaben zur Einführung

19.2.1 Beschreibung der Form-Merkmale

Beschreiben, analysieren und vergleichen Sie die schwachen Verbformen:

19.2.1.1 An den Verbformen in den Beispielen (1) bis (4) können Sie Gemeinsamkeiten und Unterscheidungsmerkmale von (Qal-PK-)Formen der Verben ע״וי, ע״ע und ל״ה beobachten.

19.2.1.2 An den Formen in den Beispielen (5) und (4) können Sie die Gemeinsamkeiten und Unterschiede von Qal- und Hif῾il-Formen erarbeiten. Fangen Sie an mit אָשִׁיב.

19.2.1.3 Analysieren Sie in (6) die Formen תָּפֵרוּ und תָּפֵר. Welches sind die Merkmale?

19.2.1.4 An den schwachen Formen in (7) und (8) können Sie sich nochmals die Unterschiede klar machen zwischen ע״ו, ע״ע und starken Verbformen.

19.2.1.5 In den Beispielen (9) und (10) sind Form und syntaktische Funktion von Kurzformen oder Jussiv-Formen zu beobachten.

Zum Jussiv → KGr §§ 26 j; 28 g; 53 p

19.2.2 Analyseregeln

Formulieren Sie Analyseregeln, indem Sie die folgenden Sätze ergänzen:

19.2.2.1	Langes a in der offenen Präformativsilbe haben .... Verben (...´´ע und ...´´ע) in den Stämmen .... (Präformativ-Konjugation), ... (Präformativ-Konjugation) und .... (Afformativ-Konjugation).
19.2.2.2	Zur Unterscheidung von ע´´וי und ע´´ע: „Wenn in Formen mit Endungen der .... Radikal verdoppelt ist, handelt es sich um Verben ...."
19.2.2.3	Zur Unterscheidung von anderen schwachen Verben: „Bei Verben ע´´וי und ע´´ע sind vokalische Afformative .... angefügt."

19.2.3 Überblick

Stellen Sie die Formen der zweiradikaligen Verben einander gegenüber, die die jeweiligen Besonderheiten zeigen, z.B.:

יָשׁוּב	יָסֹב
וַיָּשָׁב	וַיָּסָב
יָשׁוּבוּ	יָסֹבּוּ
תָּשֹׁובְנָה oder תְּשֻׁבֶינָה	תְּסֻבֶּינָה

19.2.3.1 Bilden Sie die entsprechenden Formen (also ohne fem pl) nebeneinander von ריב und רבה sowie von בזז, בוז und בזה.

19.2.3.2 Fügen Sie von allen Verben die entsprechenden Hif`il-Formen hinzu.

19.2.4 Übungen zur Formenanalyse

Analysieren Sie die folgenden Formengruppen und machen Sie sich dabei jeweils klar, woran die ähnlichen Formen zu unterscheiden sind.

[1] וַיָּבֶן - וַיִּבֶז - וַיִּבְנוּ - וַיָּבִינוּ

[2] וַיֵּשֶׁב - וַיָּשֶׁב - וַיָּשָׁב - וַיָּסֹבּוּ - וַיָּשׁוּבוּ - וַיָּשֹׁכּוּ

[3] וַיָּרֶב - וַיֵּרֶד - וַיִּרֶב - וַיֵּרֶב

[4] וַיָּגֶל - וַיֵּגֶל - נָגִילָה - נִגְלָה

[5] יָעִיר - הָעִירוּ - וַיָּעַר - וַיֵּרְעוּ - וַיָּרַע

19.3 Noomi und ihre Schwiegertöchter: Ruth 1,7b-19a

Sie können das ganze Buch bearbeiten, wenn Sie wollen. Um die Textmenge etwas einzugrenzen, wird eine Auswahl empfohlen. Der Inhalt der Einleitung V. 1-7a ist folgender:

Der Betlehemit Elimelech war mit seiner Frau Noomi und mit zwei Söhnen vor einer Hungersnot ins Land Moab (שְׂדֵי מוֹאָב) ausgewichen. Dort hatten die Söhne Moabiterinnen geheiratet: Orpa und Ruth. Nachdem Elimelech und seine Söhne in Moab gestorben waren, machte sich Noomi auf den Rückweg in ihre Heimat Betlehem in Juda. Ihre beiden Schwiegertöchter begleiteten sie. Beginnen Sie mit Vers 7b.

Hinweise zur Übersetzung:

V. 8: Achten Sie auf das Ketib/Qere.

V. 9 und 11 b: Achten Sie auf die Satzverbindungen mit ו.

V. 10, 13 b, 17 b: Achten Sie auf die Wiedergabe von כִּי.

V. 13: הֲלָהֵן Hier muss man nicht den Lexika folgen. Man kann das Feminin-Suffix als Neutrum verstehen: „darauf / daraufhin".

V. 11-13: Noomi spielt an auf die Ordnung der Schwagerehe (Dtn 25,5-10), die fordert, dass der nächste männliche Verwandte eines kinderlos gestorbenen Mannes dessen Witwe heiratet und der erste Sohn dieser Ehe als Sohn des Verstorbenen gilt.

V. 19 a: Übersetzen Sie in Vers 19 bis zum Atnach: בֵּית לָחֶם. Woran ist zu erkennen, dass mit 19 b eine neue Szene beginnt?

19.4 Agende für Erstlingsopfer: Dtn 26,1-11

19.4.1 Hinweise zu Verbformen

V. 4	וְהִנִּיחוֹ	→ KGr § 48 j
V. 8	נְטוּיָה	→ KGr § 46 a.b
V. 10	וְהִשְׁתַּחֲוִיתָ	→ KGr § 46 q

19.4.2 Zur Syntax

19.4.2.1 Wo beginnt nach einleitendem וְהָיָה כִּי der „Hauptsatz" (Deutsch: „dann")?

19.4.2.2 Die AK-Form הִגַּדְתִּי in V. 3 muss man, die AK-Form הֵבֵאתִי in 10 kann man mit Präsens wiedergeben; wieso? → KGr § 29 e

19.4.2.3 Das Bekenntnis zu dem Gott der Geschichte Israels ist als eine Erzählung formuliert. Woran erkennt man, dass diese „Erzählung" in V. 9 zu Ende ist, der Sprecher aber V. 10 noch spricht, und zwar jetzt zu einer wichtigen Äußerung ansetzt?

19.5 Texte für weitere Übungen

Lesen und übersetzen Sie aus der Biblia Hebraica.

Achten Sie in allen Beispielen auf die Satzverbindungen mit אִם und אֲשֶׁר.

19.5.1 Gen 11,6-8

An zwei Stellen ist der Text zu ändern:

V. 6: statt יָזְמוּ ist יָזֹמּוּ zu lesen (warum kann יָזְמוּ nicht von einer zweiradikaligen Wurzel kommen?).

V. 7: statt וְנָבְלָה ist וְנָבֹלָּה zu lesen.

19.5.2 Ps 95,6-11

19.6 Übungen zur Wortkunde

Prägen Sie sich beim Neu-Lernen und beim Wiederholen von Vokabeln ganze Sätze und Redewendungen ein. Z.B. aus den Lektionen 18 und 19:

עֵת לָלֶדֶת וְעֵת לָמוּת - עֵת לִפְרוֹץ וְעֵת לִבְנוֹת - בְּנוּ בָתִּים וְשֵׁבוּ -

דִּרְשׁוּ אֶת־שְׁלוֹם הָעִיר - אֶל־אֲשֶׁר תֵּלְכִי אֵלֵךְ וּבַאֲשֶׁר תָּלִינִי אָלִין -

אֲרַמִּי אֹבֵד אָבִי - וַיֵּרֶד מִצְרַמָה וַיָּגָר שָׁם -

וַיָּרֵעוּ אֹתָנוּ הַמִּצְרִים וַיְעַנּוּנוּ - וַיַּרְא יְהוָה אֶת עָנְיֵנוּ -

וַיַּחְדְּלוּ לִבְנוֹת הָעִיר - אֶרֶץ זָבַת חָלָב וּדְבַשׁ

19.7 Unpunktierter Text: Dtn 26,5-9

(5) ארמי אבד אבי
ויִרד מצרימה ויגר שם במתי מעט
ויהי־שם לגוי גדול עצום ורב:

(6) וירעו אתנו המצרים ויענונו
ויתנו עלינו עבודה קשה:

(7) ונצעק אל־יהוה אלהי אבתינו
וישמע יהוה את־קולנו
וירא את־ענינו ואת־עמלנו ואת־לחצנו:

(8) ויוצאנו יהוה ממצרים ביד חזקה ובזרע
נטויה ובמרא גדול ובאתות ובמפתים:

(9) ויבאנו אל־המקום הזה ויתן־לנו
את־הארץ הזאת ארץ זבת חלב ודבש:

Grammatik-Paragraphen:

Verben ע״וי: 48 — Verben ע״ע: 49 — Jussiv: 26 j; 28 g; 53 p

Verbklasse ע״וי – Beispiel: קוּם / שִׂים							
	Qal	Nif`al	Pi`el	Pu`al	Hitpa`el	Hif`il	Hof`al
AK 3 m s	קָם	נָקוֹם				הֵקִים	הֻקַם
PK 3 m s	יָקוּם יָשִׂים	יִקּוֹם				יָקִים	יֻקַם
Besonderheiten: Die Verbklasse ע״י bildet nur im Qal eigene Formen (sonst wie ע״ו). Die Narrative im Qal heißen וַיָּקָם bzw. וַיָּשֶׂם, im Hif`il וַיָּקֶם. Anstelle der Dopplungsstämme gibt es die Ersatzstämme Polel, Polal und Hitpolel. Gelegentlich bilden diese Verbklassen sogenannte aramaisierende Formen, die wie Formen der פ״נ-Verben aussehen (Verdopplung des ersten Konsonanten).							

Verbklasse ע״ע – Beispiel: סבב							
	Qal	Nif`al	Pi`el	Pu`al	Hitpa`el	Hif`il	Hof`al
AK 3 m s	סַב	נָסַב				הֵסֵב	
PK 3 m s	יָסֹב	יִסַּב				יָסֵב	
Besonderheiten: Im Qal gibt es auch PK-Formen nach dem Muster יִקֹּל. Narrativ Qal: וַיָּסָב; Narrativ Hif`il: וַיָּסֶב Bei Formen mit Endungen bzw. Suffixen taucht die Verdopplung des zweiten Radikals wieder auf. Ähnlich wie bei der Verbklasse ע״וי gibt es auch hier Ersatzstämme anstelle der Dopplungsstämme.							

Lektion Zwanzig

Wenn Sie diese Lektion bearbeitet haben, werden Sie

- schwache Verbformen ohne Präformativ, also vor allem AK- und Imperativ-Qal-Formen der Verben ל״ה und der beiden zweiradikaligen Klassen voneinander unterscheiden und den richtigen Wurzeln zuordnen können

---

20.1 Zur Einführung

[1] רָצִיתָ יְהוָה אַרְצֶךָ שַׁבְתָּ שְׁבוּת יַעֲקֹב׃
נָשָׂאתָ עֲוֺן עַמֶּךָ כִּסִּיתָ כָל־חַטָּאתָם׃

(Ps 85,2f)

[2] וַיֹּאמֶר שְׁמוּאֵל אֶל־כָּל־יִשְׂרָאֵל ... הִנְנִי עֲנוּ
בִי נֶגֶד יְהוָה וְנֶגֶד מְשִׁיחוֹ אֶת־שׁוֹר מִי
לָקַחְתִּי ... וְאֶת־מִי עָשַׁקְתִּי אֶת־מִי רַצּוֹתִי
וּמִיַּד־מִי לָקַחְתִּי כֹפֶר ...
וַיֹּאמְרוּ לֹא עֲשַׁקְתָּנוּ וְלֹא רַצּוֹתָנוּ וְלֹא
לָקַחְתָּ מִיַּד־אִישׁ מְאוּמָה׃

(1 Sam 12, aus 1.3-4)

[3] לֹא־שָׁלַחְתִּי אֶת־הַנְּבִיאִים וְהֵם רָצוּ לֹא־
דִבַּרְתִּי אֲלֵיהֶם וְהֵם נִבָּאוּ׃ (Jer 23,21)

20.2 Aufgaben zur Einführung

20.2.1 Zur Formenbildung

Analysieren Sie alle Verbformen und vergleichen Sie die Verben ל״ה, ע״וי und ע״ע: Woran kann man „Hohle Wurzeln" von Verben ע״ע unterscheiden, woran die Formen der beiden zweiradikaligen Klassen von allen anderen schwachen Verben?

20.2.2 Analyseregeln

Formulieren Sie Analyseregeln, indem Sie die folgenden Sätze ergänzen:

	An drei Kriterien können Sie schwache Verbformen ohne Präformativ unterscheiden:
20.2.2.1	Vokalische Afformative sind bei .... betont,
	bei .... unbetont.
20.2.2.2	Vor konsonantischen Afformativen steht bei .... ein Jod.
	(bei .... bisweilen ein o)
20.2.2.3	Bei .... ist der II. Radikal verdoppelt.

20.2.2.4 Es könnte sein, dass nicht alle (seltenen) Fälle mit diesen Regeln erfasst sind. Es kommen auch gleiche oder doch sehr ähnliche Formen vor, bei denen Sie unter Umständen an ein oder zwei Stellen im Lexikon vergeblich nachschauen müssen.

20.2.3 Analyse-Übungen

20.2.3.1 Achten Sie auf Übereinstimmungen und Unterscheidungsmerkmale bei den hier folgenden Formengruppen:

קָם - גַּל - דַּע - נָס - הַט - צַו - רָץ - צַר - חֹם -

קַמְתִּי - קַחְתִּי - בַּנְתִּי - בָּנִיתָ - בְּנוֹת - קָמוֹת -

בָּנָה - בָּנָה - בְּנוּ - וְרָצוּ - וְרָצוּ - וּרְצוּ - וְנוּסוּ - וְנָסוּ

20.2.3.2 Wenden Sie das Gelernte auf die schwachen Verbformen in den Texten 20.3 bis 20.6 an. Achten Sie besonders auf die Formen der Verben שׁוב und שׁבה in 1 Kön 8.

20.3 Ruf zur Umkehr: 1 Kön 8,46-51

Aus dem Tempel-Weihgebet Salomos

20.4 Jerobeams Frau geht zum Propheten: 1 Kön 14,1-12.17

Vers 12: בְּבֹאָה = בְּבוֹא

20.5 Mose will die Herrlichkeit Gottes sehen: Ex 33,18-23

*20.6 Weitere Texte und Übungen

*20.6.1 „Wenn du umkehrst“: Dtn 30,1-10

*20.6.2 „Ich mache alles neu“: Jes 65,17-24

*20.6.3 Formen-Übungen

Wenn Sie weiteres Übungsmaterial suchen, können Sie die Formen ähnlicher Verben nebeneinander betrachten und auf die Analysemerkmale hin befragen.

*20.6.3.1 Schreiben Sie z.B. Formen nebeneinander von:

כול (erfassen / Pilp versorgen) כלה (zu Ende sein / Pi: fertig machen)

יָכל (können) נכל (arglistig handeln) אכל (essen) כלל (vollenden)

Im Zweifelsfall hilft Ihnen das Wörterbuch.

*20.6.3.2 Weitere Beispiele:

גיל - גלל - גלה

רוץ - רצץ - רצה

נשב - ישב - שׁוב - שׁבה

רוּעַ - רעע - רעה

*20.6.3.3 oder:

וַיָּבֹזוּ בָּזִיתָ בַּז בֹּזוּ בּוֹזֵי בָּזוּז בְּזוּיָה וַתִּבֶז תָּבֹז וּבֹזִים יָבוּזוּ

נִבְזִים בֹּזִים בָּזִינוּ בָּזָה בָּזָה בָּזוּ וְנִבְזָה תָּבוּז תִּבְזֶה בְּזַזְנוּ תָּבֹזוּ

יָבוּז וְתָבֶז וּבָזַז וַיִּבְזוּ בָּזוֹ לְהַבְזוֹת בּוֹז

Praxistip: Man muss nicht alles wissen; man muss sich nur zu helfen wissen.

20.7 Übungen zur Wortkunde

20.7.1 Stellen Sie die Verben zusammen, die eine Gemütsbewegung bezeichnen, und ordnen Sie sie nach

mehr positiven: אהב - אמן - בחר - ברך -
הלל - חנן - חפץ - נשק - צחק - רחם - רצה

eher negativen: בוז - בזה - בכה - חטא -
ירא - צעק - רעע - רשע - שׂנא - ארר

20.7.2 Wiederholen Sie sogenannte Zustandsverben, die einen Zustand, aber auch den Beginn eines Zustands bezeichnen können, z.B.:

היה „sein / werden", אהב „lieben / sich verlieben", und:

גדל - ידע - הרה - ישב - זקן - חזק - חנה - כבד - קדשׁ -
רבה - רחק - רעע - רצה - שׁכב

Grammatik-Paragraphen:

Verben ל״ה: 46 — Verben ע״וי oder „Hohle Wurzel": 48 — Verben ע״ע: 49

Lektion Einundzwanzig

Wenn Sie diese Lektion bearbeitet haben, werden Sie

- Offene Präformativsilben mit e oder i als Merkmal für die Analyse schwacher Verbformen berücksichtigen können (Verbklasse פ״י)
- Satzverbindungen mit ו richtig übersetzen können und
- Verben modaler Bedeutung in ihrer Zusammensetzung mit anderen Verben erkennen und richtig übersetzen können.

21.1 Texte

21.1.1 Abrahams Knecht und Rebekka am Brunnen: Gen 24,10-21

21.1.2 Rebekkas Abschied: Gen 24,50-61

*21.1.3 Ein Levit in Betlehem: Ri 19,1-10

V. 8: וְהִתְמַהְמְהוּ von מהה Hitpalpel

21.1.4 Jerusalem, juble über deine Rettung!: Zef 3,14-17

21.2 Übungen

21.2.1 Schwache Verbformen

Analysieren Sie in allen Texten die schwachen Verbformen:

21.2.1.1 Stellen Sie alle Fälle zusammen, in denen langes e bzw. langes i in einer offenen Präformativsilbe vorkommt.

21.2.1.2 Systematisieren Sie die Vorkommen zu einer Analyseregel mit Hilfe von Vokabeln 9A, Lektion 18.7.2, KGr §§ 44; 45 e; 48 f; 49 e.

21.2.1.3 Ergänzen Sie die folgenden Sätze:

Langes e oder langes i in offener Präformativsilbe kommen vor bei Verben .... (Qal), Verben .... (Qal und Hif`il) und bei ................................ Verben in der Afformativ-Konjugation des Hif`il. E in der Präformativsilbe auch bei Kurzformen .... und im Nif`al von Verben ....

21.2.2 Satzverbindungen

Beobachten Sie in allen Texten, in welchen Funktionen die Partikel ו auftaucht: Geht NS oder VS voraus, AK cons, PK oder Impt?

Achten Sie immer auf das inhaltliche Verhältnis der Sätze. Analysieren Sie besonders sorgfältig den etwas komplizierten Satzbau in Gen 24,12-14.

21.2.3 Modale Verben

Achten Sie auf die Zusammensetzungen mit כלה und מהר in Gen 24 sowie mit יאל und שוב in Ri 19.

Sie können das modale Verb durch ein Adverb wiedergeben.

21.2.4 Formen-Übungen

Analysieren Sie die folgenden Verbformen:

וַיֵּשֶׁב וַיָּשֶׁת וַיֵּיטִיבוּ וַיֵּשְׁבוּ וַיִּשְׁבּוּ יִירְשׁוּ וַיֵּעָשׂוּ וַיֵּרָא וַתֵּרֶא וַיַּרְא וַיֵּרֶב
וַיֵּרֶד יִרְאוּ יִקְנוּ יִקְחוּ מִקּוּם מֵקִים הֵסֵבּוּ הֵבִין הֵבִינוּ הָבִין לְהֵיטִיב

21.3 Textbeispiele zur Syntax

21.3.1 „w^e" nach Aufforderung, Frage und Verneinung

[1] וַיֹּאמֶר יַעֲקֹב הִנֵּה שָׁמַעְתִּי כִּי יֶשׁ־שֶׁבֶר
בְּמִצְרָיִם רְדוּ־שָׁמָּה וְשִׁבְרוּ־לָנוּ מִשָּׁם וְנִחְיֶה
וְלֹא נָמוּת׃ (Gen 42,2)

[2] לֹא אִישׁ אֵל וִיכַזֵּב וּבֶן־אָדָם וְיִתְנֶחָם
הַהוּא אָמַר וְלֹא יַעֲשֶׂה וְדִבֶּר וְלֹא יְקִימֶנָּה׃
(Num 23,19)

[3] כֹּה־אָמַר יְהוָה אֱלֹהֵי יִשְׂרָאֵל שַׁלַּח אֶת־עַמִּי
וְיָחֹגּוּ לִי בַּמִּדְבָּר׃ (Ex 5,1)

[4] מִי חָכָם וְיָבֵן אֵלֶּה נָבוֹן וְיֵדָעֵם (Hos 14,10a)

21.3.2 Modale Verben

[1] וַיֹּסֶף אַבְרָהָם וַיִּקַּח אִשָּׁה וּשְׁמָהּ קְטוּרָה׃
(Gen 25,1)

[2] וַיְהִי מִמָּחֳרָת וַיַּשְׁכִּימוּ הָעָם וַיִּבְנוּ־שָׁם מִזְבֵּחַ
(Ri 21,4)

[3] וַיֹּסֶף הַנַּעַר לַעֲנוֹת אֶת־שָׁאוּל וַיֹּאמֶר הִנֵּה
נִמְצָא בְיָדִי רֶבַע שֶׁקֶל כָּסֶף (1 Sam 9,8)

[4] אָכֵן הִשְׁכִּימוּ הִשְׁחִיתוּ כֹּל עֲלִילוֹתָם׃
(Zef 3,7)

21.4 Übung zur Wortkunde – Modale Verben

Prägen Sie sich modale Verben in charakteristischen Kontexten ein, z.B.:

וַיַּחְדְּלוּ לִבְנוֹת הָעִיר	Sie hörten auf, die Stadt zu bauen
כִּלָּה לְדַבֵּר	er hatte zu Ende geredet
הֵטַבְתָּ לִרְאוֹת	du hast richtig gesehen
וַיֹּסֶף וַיִּקַּח	er nahm noch einmal
וַתְּמַהֵר וַתֹּרֶד כַּדָּהּ	sie nahm schnell ihren Krug herunter
וַיָּשָׁב וַיָּלֶן	er blieb noch eine Nacht
וַיַּשְׁכִּימוּ וַיִּבְנוּ	sie bauten eifrig

21.5 Unpunktierter Text: Gen 24,54b-59

(54b) ויקומו בבקר ויאמר שלהני לאדני׃

(55) ויאמר אחיה ואמה תשב הנערה אתנו ימים
או עשור אחר תלך׃

(56) ויאמר אליהם אל־תאחרו אותי ויהוה
הצליח דרכי שלחוני ואלכה לאדני׃

(57) ויאמרו נקרא לנערה ונשאלה את־פיה׃

(58) ויקראו לרבקה ויאמרו אליה התלכי עם־
האיש הזה ותאמר אלך׃

(59) וישלחו את־רבקה אחותם ואת־מנקתה ואת־
עבד אברהם ואת־אנשיו׃

Grammatik-Paragraphen:

Verben פ״י: 44 — Verben פ״ו: 45 e — Kurzformen ל״ה: 46 m — Verben ע״וי und ע״ע - Hif`il: 48 f; 49 e — modale oder relative Verben: 57 p; 60 e; 62 e

Verbklasse פ״י – Beispiel: יטב							
	Qal	Nif`al	Pi`el	Pu`al	Hitpa`el	Hif`il	Hof`al
AK 3 m s						הֵיטִיב	
PK 3 m s	יִיטַב					יֵיטִיב	

Besonderheiten: Das י der Wurzel kann auch ausfallen.

Es gibt nur sechs echte פ״י-Verben: יטב - ילל - ימן - ינק - יקץ - ישן
Alle übrigen Verben mit י gehören zur Verbklasse פ״ו → KGr § 45.

Lektion Zweiundzwanzig

- Auch seltenere und ungewöhnlich gebildete Verbformen sollten Sie kennengelernt haben, um im Zweifelsfall richtig nachschlagen zu können

---

22.1 Zur Einführung

22.1.1 Textbeispiele

[1]

כֶּרֶם חֶמֶד עַנּוּ־לָהּ
אֲנִי יְהוָה נֹצְרָהּ
לִרְגָעִים אַשְׁקֶנָּה
פֶּן יִפְקֹד עָלֶיהָ
לַיְלָה וָיוֹם אֶצֳּרֶנָּה׃
חֵמָה אֵין לִי מִי־יִתְּנֵנִי שָׁמִיר וָשַׁיִת
בַּמִּלְחָמָה אֶפְשְׂעָה בָהּ אֲצִיתֶנָּה יָּחַד׃
(Jes 27,2-4)

Ein prächtiger Weinberg! Singt ihm zu! Ich selbst, JHWH, bin sein Hüter. Jeden Augenblick tränke ich ihn. Damit niemand ihn heimsucht, hüte ich ihn Tag und Nacht.

Zorn hege ich nicht. Fände ich Dornen und Unkraut, schritte ich im Kampf dagegen ein, zündete es an miteinander.

[2]

בְּטֶרֶם אֶצָּרְךָ בַבֶּטֶן יְדַעְתִּיךָ
וּבְטֶרֶם תֵּצֵא מֵרֶחֶם הִקְדַּשְׁתִּיךָ נָבִיא לַגּוֹיִם
נְתַתִּיךָ׃ (Jer 1,5)

Bevor ich dich bildete im Mutterleib, kannte ich dich; und bevor du hervorgingst aus dem Mutterschoß, habe ich dich geheiligt, zum Völkerpropheten gesetzt.

[3]

וַיִּסְעוּ מֵאֵילִם וַיָּבֹאוּ ... אֶל־מִדְבַּר־סִין ...
וַיִּלּוֹנוּ כָּל־עֲדַת בְּנֵי־יִשְׂרָאֵל עַל־מֹשֶׁה וְעַל־
אַהֲרֹן בַּמִּדְבָּר׃ (Ex 16, aus 1 und 2)

ON: Elim, Sin

[4]

בַּבֹּקֶר זְרַע אֶת־זַרְעֶךָ וְלָעֶרֶב אַל־תַּנַּח יָדֶךָ
כִּי אֵינְךָ יוֹדֵעַ אֵי זֶה יִכְשַׁר הֲזֶה אוֹ־זֶה
(Koh 11,6)

[5]

כִּי הַאֻמְנָם יֵשֵׁב אֱלֹהִים עַל־הָאָרֶץ
הִנֵּה הַשָּׁמַיִם וּשְׁמֵי הַשָּׁמַיִם לֹא יְכַלְכְּלוּךָ
אַף כִּי־הַבַּיִת הַזֶּה אֲשֶׁר בָּנִיתִי׃ (1 Kön 8,27)

Wohnt Gott denn wirklich auf der Erde? Siehe, der Himmel und der allerhöchste Himmel fassen dich nicht - geschweige denn dieses Haus, das ich gebaut habe.

22.1.2 Zur Formenbildung

Versuchen Sie, alle schwachen Verbformen in den einführenden Texten genau zu analysieren. Wo Sie mit den bisher bekannten Merkmalen nicht zum Ziel kommen, helfen Ihnen außer der Übersetzung die am Ende der Lektion genannten Grammatik-Paragraphen

Wenn jede Regel versagt: Bei Verben ע״ו/י und ע״ע gibt es vieles, was man nicht für möglich gehalten hätte.

22.2 Danklied eines vom Tode Erretteten: Psalm 30

(1) מִזְמוֹר שִׁיר־חֲנֻכַּת הַבַּיִת לְדָוִד׃

(2) אֲרוֹמִמְךָ יְהוָה כִּי דִלִּיתָנִי וְלֹא־שִׂמַּחְתָּ אֹיְבַי
לִי׃

(3) יְהוָה אֱלֹהָי שִׁוַּעְתִּי אֵלֶיךָ וַתִּרְפָּאֵנִי׃

(4) יְהוָה הֶעֱלִיתָ מִן־שְׁאוֹל נַפְשִׁי חִיִּיתַנִי מִיּוֹרְדֵי־
בוֹר׃

(5) זַמְּרוּ לַיהוָה חֲסִידָיו וְהוֹדוּ לְזֵכֶר קָדְשׁוֹ׃

(6) כִּי רֶגַע בְּאַפּוֹ חַיִּים בִּרְצוֹנוֹ בָּעֶרֶב בֶּכִי
וְלַבֹּקֶר רִנָּה׃

(7) וַאֲנִי אָמַרְתִּי בְשַׁלְוָתִי בַּל־אֶמּוֹט לְעוֹלָם׃

(8) יְהוָה בִּרְצוֹנְךָ הֶעֱמַדְתִּי בְּהָרֵי עֹז
הִסְתַּרְתָּ פָּנֶיךָ הָיִיתִי נִבְהָל׃

(9) אֵלֶיךָ יְהוָה אֶקְרָא וְאֶל־אֲדֹנָי אֶתְחַנָּן׃

(10) מַה־בֶּצַע בְּדָמִי בְּרִדְתִּי אֶל־שָׁחַת
הֲיוֹדְךָ עָפָר הֲיַגִּיד אֲמִתֶּךָ׃

(11) שְׁמַע־יְהוָה וְחָנֵּנִי יְהוָה הֱיֵה־עֹזֵר לִי׃

(12) הָפַכְתָּ מִסְפְּדִי לְמָחוֹל לִי פִּתַּחְתָּ שַׂקִּי
וַתְּאַזְּרֵנִי שִׂמְחָה׃

(13) לְמַעַן יְזַמֶּרְךָ כְבֹדִי וְלֹא יִדֹּם
יְהוָה אֱלֹהַי לְעוֹלָם אוֹדֶךָּ׃

22.3 David und Saul: 1 Sam 17,50-54;18,6-16

In 1 Sam 18,6 können Sie den Text erleichtern, wenn Sie statt וְהַמְּחֹלוֹת : בַּמְּחֹלוֹת lesen.

22.4 Elija bei der Witwe in Zarpat: 1 Kön 17,17-24

22.5 Formen-Übungen

22.5.1 Analysieren Sie die folgenden Verbformen und erwägen Sie dabei jeweils die verschiedenen Möglichkeiten. Im Lexikon und in der Konkordanz können Sie Ihre Ergebnisse kontrollieren:

וַיִּקֹּד וַיִּסֵּב וַיִּסֹּג מַסִּיג וַיִּמָּל יִמֹּל יִפֹּל יִתֵּם נִתַּן יַצִּיק יִסַּךְ יֻגַּד
יֻתַּן לֻקַּח

22.5.2 Wenn Verbformen aussehen wie Verben פ״נ, aber keine Verben פ״נ sind, kommen in Betracht (in der Reihenfolge ihrer Häufigkeit):

1. Nif'al-Formen,
2. Zweiradikalige Verben,
3. Verben פ״נ mit צ als erstem Radikal.

22.5.3 Wiederholen Sie auch die „normalen" Analyseregeln. Und analysieren Sie zur Übung die folgenden Verbformen:

וַיָּשָׁב וַיֵּשֶׁב וַיֵּשֶׁב וַיֵּשְׁבְ וַיִּטַב וַיֵּטֶב וַיִּבַשׁ וַיֵּדַע וַיֹּסֶף וָאֹסַף אֹסֵף
נוֹתָר הוֹתִיר הֵרִים הוֹרַד שֵׁב שֵׁב שֶׁבֶת תֵּן תֵּת תֵּת תְּתִי קַחַת קַחַת לָקַחַת
לָקַחְתָּ צֵאת צְאוּ יִרְאוּ יֵרָאוּ יִרְאוּ יִצַּת יִוָּתֵר יִדֹּם יִקֹּד יִקּוֹם וַיִּנַּח

22.6 Unpunktierter Text: aus Psalm 30

(1) מזמור שיר־חנכת הבית לדוד׃

(2) ארוממך יהוה כי דליתני ולא־שמחת איבי לי׃

(3) יהוה אלהי שועתי אליך ותרפאני׃

(4) יהוה העלית מן־שאול נפשי חייתני מיורדי־בור׃

(5) זמרו ליהוה חסידיו והודו לזכר קדשו:

(6) כי רגע באפו חיים ברצונו בערב בכי
ולבקר רנה:

Grammatik-Paragraphen:

Verben פ״ו mit צ: 45 m — Verben ל״א / ל״ה: 47 a — zweiradikalige Verben – Besonderheiten: 48; 49

Lektion Dreiundzwanzig

Wenn Sie diese Lektion bearbeitet haben, werden Sie

- Doppel-Ausdrücke mit absoluten Infinitiven in Texten erkennen und Übersetzungsmöglichkeiten finden können
- die wichtigsten Zahlwörter als Vokabeln wiederholt haben und auch zusammengesetzte Zahlwörter verstehen können

---

23.1 Das Ende der Flut: Gen 8,1-13.20-22

23.2 Simei Ben Gera verflucht David: 2 Sam 16,5-13

23.3 Textbeispiele zum absoluten Infinitiv

[1] כֹּה אָמַר יְהוָה אִם־לֹא תִשְׁמְעוּ אֵלַי לָלֶכֶת
בְּתוֹרָתִי אֲשֶׁר נָתַתִּי לִפְנֵיכֶם׃ לִשְׁמֹעַ עַל־
דִּבְרֵי עֲבָדַי הַנְּבִאִים אֲשֶׁר אָנֹכִי שֹׁלֵחַ
אֲלֵיכֶם וְהַשְׁכֵּם וְשָׁלֹחַ וְלֹא שְׁמַעְתֶּם׃ וְנָתַתִּי
אֶת־הַבַּיִת הַזֶּה כְּשִׁלֹה וְאֶת־הָעִיר הַזֹּאת אֶתֵּן ON: Silo
לִקְלָלָה לְכֹל גּוֹיֵ הָאָרֶץ׃ (Jer 26,4-6)

[2] וְאִם לֹא יִשְׁמָעוּ וְנָתַשְׁתִּי אֶת־הַגּוֹי הַהוּא
נָתוֹשׁ וְאַבֵּד נְאֻם־יְהוָה׃ (Jer 12,17)

[3] וַיְהִי הֵמָּה הֹלְכִים הָלוֹךְ וְדַבֵּר וְהִנֵּה רֶכֶב־
אֵשׁ וְסוּסֵי אֵשׁ וַיַּפְרִדוּ בֵּין שְׁנֵיהֶם וַיַּעַל
אֵלִיָּהוּ בַּסְּעָרָה הַשָּׁמָיִם׃ (2 Kön 2,11)

[4] וְדָוִד יוֹשֵׁב בֵּין־שְׁנֵי הַשְּׁעָרִים
וַיֵּלֶךְ הַצֹּפֶה אֶל־גַּג הַשַּׁעַר אֶל־הַחוֹמָה וַיִּשָּׂא
אֶת־עֵינָיו וַיַּרְא וְהִנֵּה־אִישׁ רָץ לְבַדּוֹ׃ וַיִּקְרָא
הַצֹּפֶה וַיַּגֵּד לַמֶּלֶךְ
וַיֹּאמֶר הַמֶּלֶךְ אִם־לְבַדּוֹ בְּשׂוֹרָה בְּפִיו
וַיֵּלֶךְ הָלוֹךְ וְקָרֵב׃
וַיַּרְא הַצֹּפֶה אִישׁ־אַחֵר רָץ (2 Sam 18,24-26)

23.4 Übungen zu den Texten

23.4.1 Absolute Infinitive

In allen Textbeispielen kommen Kombinationen von Verbformen mit absoluten Infinitiven vor. Versuchen Sie selbst, die Ausdrücke zu verstehen. Berücksichtigen Sie dabei, dass der absolute Infinitiv nur die Verbbedeutung in den Satz einbringt, die absoluten Infinitive zweier Verben also zwei eng zusammengefügte Bedeutungen einbringen. Lesen Sie erst nach den eigenen Übersetzungsversuchen KGr § 57 l-m; 60 c-d nach.

23.4.2 Themen für Wiederholungen

23.4.2.1 Zu Gen 8:

Zahlen - He interrogativum - Kongruenz, speziell bei מַ֫יִם und שָׁמַ֫יִם und bei Zahlen - modale Verben (z.B. יסף) - Gliederung des Textes, z.B. durch וַיְהִי und durch Nominalsätze.

23.4.2.2 Zu 2 Sam 16:

Ketib und Qere - Bedeutung von דָּם und damit gebildeten Constructus-Verbindungen - Fragesätze (formal) - Rhetorische Frage mit לָ֫מָּה und מַדּ֫וּעַ als Vorwurf - Funktionen von NS und ZNS in der Erzählung.

Grammatik-Paragraphen:

Zum Wiederholen konsultieren Sie folgende Paragraphen:

Absoluter Infinitiv: 57 l-m; 60 c-d — Ketib/Qere: 6 — Zahlen: 25 — Constructus-Verbindung: 56

Lektion Vierundzwanzig

Wenn Sie diese Lektion bearbeitet haben, werden Sie

- Ihre Sicherheit in der Analyse von Verb- und Nominalformen üben und weiter entwickeln
- die sprachlichen Mittel entdecken, erläutern und beschreiben lernen, die Texte konstituieren, abgrenzen und gliedern

---

24.1 Josef träumt: Gen 37,1-11

24.1.1 Zur Gliederung des Textes

24.1.1.1 Abgrenzung

In Kapitel 37 beginnt die große Erzählung von Josef und seinen Brüdern (bis Kap. 50). Am Anfang ist die ursprünglich vermutlich selbständige Erzählung in einen größeren Rahmen eingefügt. Wo lassen sich Rahmen und eigentliche Josef-Erzählung abgrenzen? Vergleichen Sie mit Vers 2: Gen 2,4; 5,1; 6,9; 11,27; 25,19; 36,9.

24.1.1.2 Gliederung

Wie kann man an Satzbau und Tempusgebrauch in den Versen 2 bis 5 Einleitung und Erzähl-Anfang gegeneinander abgrenzen? Woran ist ein Neueinsatz erkennbar?

Beobachten Sie Satzstellung und Tempora in den Sätzen 11a / 11b. Welche Funktion hat dieser Vers im Ganzen des Textes?

24.1.2 Zum Tempusgebrauch

24.1.2.1 Inwiefern erzählt Josef seine Träume anders, als man gewöhnlich erzählt? Achten Sie auf die Verbformen und auf deiktische (= auf die Sprechsituation verweisende) sprachliche Zeichen.

24.1.2.2 Im erzählenden Kontext findet sich ein „fremdes“ Tempus (V. 7). Übersetzen Sie versuchsweise mit deutschem Präsens und beobachten Sie die stilistische Wirkung.

24.2 Eli stirbt: 1 Sam 4,12-18

Der folgende Text ist ein Teil der Erzählungen am Anfang des 1. Samuelbuchs, die sich mit den Schicksalen der „Lade“ Gottes beschäftigen. Er hat in dieser Lektion zwei Funktionen:

1. Sie können aus Anlass dieses Textes bestimmte Wiederholungsübungen machen.
2. Man kann an ihm die sprachlichen Mittel vorführen, die einen Text strukturieren.

Den Text finden Sie hier satzweise abgedruckt und mit einigen Randbemerkungen zur Gliederung versehen. (Eine solche Schreibweise „Satz für Satz“ ist überhaupt zu empfehlen, wenn Sie einen Text analysieren wollen.)

Text	Vers	Gliederung	
וַיָּרָץ אִישׁ־בִּנְיָמִן מֵהַמַּעֲרָכָה	(12)	Eröffnungsszene:	1. Person
וַיָּבֹא שִׁלֹה בַּיּוֹם הַהוּא			Ort, Zeit
וּמַדָּיו קְרֻעִים			
וַאֲדָמָה עַל־רֹאשׁוֹ׃			
וַיָּבֹא וְהִנֵּה	(13)	Situation	
עֵלִי יֹשֵׁב עַל־הַכִּסֵּא לְיַד הַדֶּרֶךְ מְצַפֶּה			2. Person
כִּי־הָיָה לִבּוֹ חָרֵד עַל אֲרוֹן הָאֱלֹהִים			
וְהָאִישׁ בָּא לְהַגִּיד בָּעִיר		1. Szene	Mann / Stadt / Eli
וַתִּזְעַק כָּל־הָעִיר׃			
וַיִּשְׁמַע עֵלִי אֶת־קוֹל הַצְּעָקָה וַיֹּאמֶר	(14)		
מֶה קוֹל הֶהָמוֹן הַזֶּה			
וְהָאִישׁ מִהַר וַיָּבֹא וַיַּגֵּד לְעֵלִי׃		2. Szene	Mann / Eli
וְעֵלִי בֶּן־תִּשְׁעִים וּשְׁמֹנֶה שָׁנָה וְעֵינָיו קָמוּ	(15)		
וְלֹא יָכֹל לִרְאוֹת׃			
וַיֹּאמֶר הָאִישׁ אֶל־עֵלִי	(16)		Dialog: Vorstellung
אָנֹכִי הַבָּא מִן־הַמַּעֲרָכָה			
וַאֲנִי מִן־הַמַּעֲרָכָה נַסְתִּי הַיּוֹם			
וַיֹּאמֶר מֶה־הָיָה הַדָּבָר בְּנִי׃			Frage
וַיַּעַן הַמְבַשֵּׂר וַיֹּאמֶר	(17)		Bericht
נָס יִשְׂרָאֵל לִפְנֵי פְלִשְׁתִּים			1.
וְגַם מַגֵּפָה גְדֹלָה הָיְתָה בָעָם			2.
וְגַם שְׁנֵי בָנֶיךָ מֵתוּ חָפְנִי וּפִינְחָס			3.
וַאֲרוֹן הָאֱלֹהִים נִלְקָחָה׃			4. Klimax
וַיְהִי כְּהַזְכִּירוֹ אֶת־אֲרוֹן הָאֱלֹהִים	(18)	Markierter Höhepunkt	
וַיִּפֹּל מֵעַל־הַכִּסֵּא אֲחֹרַנִּית עַל־יַד הַשַּׁעַר			
וַתִּשָּׁבֵר מַפְרַקְתּוֹ			
וַיָּמֹת כִּי־זָקֵן הָאִישׁ וְכָבֵד			
וְהוּא שָׁפַט אֶת־יִשְׂרָאֵל אַרְבָּעִים שָׁנָה׃		Schlussbemerkung des Erzählers (oder Redaktors)	

24.3 Übungen zum Text 24.2

24.3.1 Erstes Textverständnis und Rohübersetzung

24.3.1.1 Lesen Sie den Anfang des Kapitels (Verse 1-11) in einer Übersetzung (Luther, Zürcher, Einheitsübersetzung).

24.3.1.2 Analysieren Sie die Wörter und Sätze formal, semantisch (d.h. nach ihrer Bedeutung) und syntaktisch, schreiben Sie eine (vorläufige) Übersetzung auf. Notieren Sie, was Ihnen an Verbformen, Satzbau, Wortbedeutungen auffällt und welche Übersetzungsprobleme Sie haben.

24.3.2 Wiederholung

24.3.2.1 Aus Anlass der Verbformen in diesem Text können Sie wiederholen, was Sie über die Analyse von schwachen Verben der Klassen פ״נ und פ״וי wissen.

24.3.2.2 Weitere Themen:

Semantik (Was bedeuten Wörter „an sich" und in diesem Text?),

Syntax (Wie werden Partizipien gebildet und verwendet? Welche Form und Funktion haben Nominalsätze?), Textgliederung (Welche sprachlichen Mittel stehen zur Verfügung?).

24.3.3 Wortbedeutungen

24.3.3.1 Im Lexikon stehen viele Bedeutungen; welche gilt in diesem Text an dieser Stelle?

24.3.3.2 Lesen Sie aufmerksam einen ganzen Lexikonartikel (ohne die angegebenen Stellen) zu אֲדָמָה und כִּסֵּא. Welche Hilfe bietet er Ihnen für diese Textstelle? Was hilft Ihnen Ihre Vokabelkenntnis?

24.3.3.3 כִּסֵּא „Sessel" - kann man da rücklings herunterfallen? Kann ein Blinder „spähen"? Ruft die Stadt „um Hilfe"? Wann bedeutet בוא „hineingehen", wann „kommen"? Ist הַדָּבָר „das Wort" oder „die Sache"?

24.3.4 Partizipial- und andere Nominalsätze

24.3.4.1 Partizipien als Subjekt, als Attribut, nach וְהִנֵּה, als indeterminierte oder als determinierte Prädikate im NS,

24.3.4.2 Funktionen der einfachen NS: Umstandssätze (V. 12), Personenbeschreibung (13), nachgeholte Hintergrundinformation (15); Zusammengesetzte NS: Szenenwechsel (13, 14), Übergang zum Kommentar (18),

24.3.4.3 NS in der Rede (16 und 17).

24.3.5 Textanalyse

24.3.5.1 Mit welchen sprachlichen Mitteln arbeitet die „Dramaturgie" der Erzählung?
Wie werden Schauplätze geschaffen, Personen eingeführt, beschrieben und bewegt?
Wie werden Dialoge begonnen, geführt und zugespitzt?
Wie treibt diese Erzählung auf ihre tödliche Pointe zu?

24.3.5.2 Ergebnisse einer solchen Textanalyse können nun in eine zweite - angemessene - Übersetzung einfließen.

24.3.5.3 Vergleichen Sie kritisch mehrere gängige deutsche Übersetzungen. Es gibt keine Alternative: „wörtliche“ oder „freie“ Übersetzung. Es gibt nur die Alternative: richtige oder falsche Übersetzung. (Und darüber kann man auch noch geteilter Meinung sein.)

24.4 Ehud mordet: Ri 3,15-26

24.4.1 Der Text

Lesen Sie die Verse 12 bis 15a in einer Übersetzung. Der Anfang der alten Erzählung ist in V. 15 mit einem Rahmen verschmolzen, der die Geschichte in einen gesamtisraelitischen Kontext stellt.

24.4.2 Aufgaben

Gliedern Sie den Text nach Exposition - Hauptteil - Schluss, den Hauptteil in Einzelszenen.

Dabei sind die hebräischen sprachlichen Mittel zu finden, die den Text gliedern:

- Satztypen,
- Nennung der Personen durch Namen oder Pronomina,
- Wechsel: Rede / Handlung, Rückverweise,
- Wiederaufnahme von Wörtern und Bedeutungen, Partikeln, Eröffnungs- und Schlussformeln.

24.5 Elija ist nicht verfügbar: 2 Kön 1,1-17

Vers 13: lesen Sie שְׁלִשִׁית statt שְׁלִשִׁים.

Vers 15: אוֹתוֹ = אִתּוֹ (wie oft in Jer und Kön).

24.6 Übungen zum Text 24.5

24.6.1 Zur Satzsyntax

Achten Sie auf Tempora und Satzbau in den Versen 2 und 3. Stellen Sie die Funktion der nicht-narrativen Sätze fest.

Beschreiben Sie den Satzbau in den ZNS in V. 3 und 4 und besonders im Relativsatz. Welche Funktion hat das Suffix in מִמֶּ֫נָּה?

24.6.2 Zur Textsyntax

24.6.2.1 Wo beginnt die eigentliche Elija-Ahasja-Erzählung? Wie unterscheidet sich der Erzählungsanfang z.B. von dem in Ri 3,15?

Lesen Sie die drei Verse vorher und versuchen Sie eine Erklärung.

24.6.2.2 Wie kann man am Schluss (17) Erzählung und Rahmen abgrenzen?

Beachten Sie, wie in den Versen 2 und 3 sowie 4 und 5 Schauplätze und Personen wechseln. Formulieren Sie Ihre Übersetzung so, dass der Szenenwechsel in 4/5 deutlich bleibt.

24.6.2.3 Erstellen Sie wie in Ri 3 eine Gliederung.

An welchen *sprachlichen* Indizien wird deutlich, dass der Text aus zwei Erzählungen zusammengefügt ist? Wie sind die Teiltexte abzugrenzen?

Welche inhaltlichen Unterschiede fallen auf? Hat die Zusammenfügung Eingriffe in die Struktur der Teiltexte mit sich gebracht?

24.6.3 Beobachtungen zur Gattung der Texte

24.6.3.1 Vergleichen Sie diesen Text mit 1 Sam 4 und Ri 3: den Gebrauch von Namen und Pronomina, das Verhältnis von Rede und Handlung, den Aufbau der Szenenfolge.

24.6.3.2 In 1 Sam 4 und Ri 3 ist jeweils eine erzählerisch gestaltete Szene als Höhepunkt herausgearbeitet. In 2 Kön 1 liegt der Nachdruck auf Textteilen anderer Art. Welche sind das? Wie sind sie sprachlich gestaltet?

24.6.3.3 Vergleichen Sie die drei Fassungen des Prophetenwortes in 2 Kön 1. Welche Elemente wechseln, welche sind konstant?

24.6.4 Themen für Wiederholungen

Verse 2-4:

- Nomenanalyse,
- Pausaformen,
- Funktionen von כִּי und אִם,
- Fragesätze,
- Bedeutung von מִן, אֲשֶׁר-Sätze,
- Dagesch forte euphonicum.

Verse 5-11:

- Fragesatz mit זֶה,
- Lexikonbenutzung,
- Schwache Imperative,
- Modale Verben.

Grammatik-Paragraphen:

Schlagen Sie vor allem nach in den Paragraphen 52-54; 62 (Syntax).

Reihe *Lehrbücher*

Fach *Biblisches Hebräisch*

Band 1

Beiheft

Wolfgang Schneider

Debarim

Übungsbuch für den Unterricht in Biblischem Hebräisch

neu bearbeitet von Peter Mommer

Westdeutscher Universitätsverlag
West German University Press
Presses Universitaires d'Allemagne de l'Ouest

Bochum 2014

Bibliografische Information der Deutschen Nationalbibliothek: Die Deutsche Nationalbibliothek verzeichnet diese Publikation in der Deutschen Nationalbibliografie; detaillierte bibliografische Daten sind im Internet über http://dnb.d-nb.de abrufbar.

Schneider , Wolfgang :

Debarim. Übungsbuch für den Unterricht in Biblischem Hebräisch. Neu bearbeitet von Peter Mommer . Bochum: Westdeutscher Univ.-Verl., 2014 ISBN 978-3-89966-753-0.

EAN

Bestellungen: Westdeutscher Universitätsverlag, Querenburger Höhe 281, 44801 Bochum, westdeutscher@universitaetsverlag.com, Tel. (0234) 701360, Fax 701230.

Bibliographic information published by the Deutsche Nationalbibliothek: The Deutsche Nationalbibliothek lists this publication in the Deutsche Nationalbibliografie; detailed bibliographic data are available in the Internet at http://dnb.dnb.de.

This publication is shipped internationally. Available from: Ruhr University Bochum, P.O. Box West German University Press (Bochum), Universitaetsstr. 150, 44801 Bochum, Germany, verlag@rub.de, http:// universitaetsverlag.com, phone +49 (234) 32-11993, fax +49 (234) 32-14993.

WEST-
DEUTSCHER
UNIVERSITÄTS-
VERLAG

Vokabeln

0

0.1 Biblische Namen aus den Übungen 0.2 und 0.3

Adam, Amos, Aram, Ararat, Asdod, Asaf, Baruch, Batseba, Benjamin, Bet-El, Bileam, Daniel, David, Eden, Edom, Eli, Elieser, Efraim, Esra, Ester, Gideon, Gilead, Hagar, Ham, Hermon, Israel, Jafet, Jericho, Jerusalem, Joel, Jonatan, Josef, Karmel, Lamech, Lea, Lot, Michael, Mirjam, Natan, Natanael, Nebukadnezar, Rahel, Ruth, Sacharja, Salomo, Samuel, Sara, Sodom, Tel-Aviv, Ur, Zefanja

0.2 Die wichtigsten Vokabeln aus Gen 1,1-5

Präpositon: in, an, bei	בְּ
Gott / Götter	אֱלֹהִים
Akkusativ-Zeichen	אֵת/אֶת־
Artikel: der / die / das	הַ·
Himmel	שָׁמַיִם
Konjunktion: und / aber / dass	וְ / וּ
Erde / Land (f)	אֶרֶץ
die Erde	הָאָרֶץ
Wind / Geist (f)	רוּחַ
Wasser	מַיִם
und (er) sagte	וַיֹּאמֶר
Licht	אוֹר
und (es / er) wurde / war / geschah	וַיְהִי
und (er) sah	וַיַּרְא
ja / gewiss / als Konjunktion: dass / weil / denn	כִּי
gut	טוֹב
und (er) rief	וַיִּקְרָא
Präposition: zu / nach / für / in Bezug auf	לְ
Tag	יוֹם
Finsternis	חֹשֶׁךְ
Nacht (m)	לַיְלָה
Abend	עֶרֶב
Morgen	בֹּקֶר
ein / einer / eins	אֶחָד

1

Die Vokabeln zu Lektion 1 sind in der Reihenfolge aufgeführt, wie sie in den Texten vorkommen. Nur die normal gedruckten hebräischen Wörter sind Lernvokabeln. Die grau gedruckten gehören nicht zum Lernstoff der betreffenden Lektion, können aber unter Umständen später noch einmal als Lernvokabeln vorkommen.

Pärposition: zu / nach	אֶל־
verneinte (rhetorische) Frage: „ist nicht …?“	הֲלוֹא
Demonstrativpronomen: dieser / dies / hier	זֶה
Sklave / Knecht	עֶ֫בֶד
König	מֶ֫לֶךְ
Israel	יִשְׂרָאֵל
Wort / Sache / Angelegenheit / etwas	דָּבָר
leitet wörtl. Rede ein: nämlich / folgendermaßen	לֵאמֹר
ich	אֲנִי / אָנֹכִי
Gottesname: Jahweh / JHWH / HERR	יְהוָה
heilig	קָדוֹשׁ
Pronomen 3 m s: er	הוּא
nicht (Verneinung)	לֹא
wer?	מִי
Gewicht / Ehre / Herrlichkeit	כָּבוֹד
Gott (nie im Pl. mit Suffixen)	אֵל
groß	גָּדוֹל
Präposition: auf / über / wegen / gegen	עַל
Gesamtheit / ganz / alle	כֹּל / כָּל־
Herr	אָדוֹן
der Herr (= Gott)	אֲדֹנָי
Schüssel / Gewölbe	רָקִיעַ
inmitten	בְּתוֹךְ
Trennung	מַבְדִּיל
zwischen … und	בֵּין … וּבֵין
zwischen … und	בֵּין … לְ
so	כֵּן
und (er) machte	וַיַּ֫עַשׂ
und (er) trennte	וַיַּבְדֵּל
Partikel, zeigt Relativsatz an	אֲשֶׁר
unterhalb von	מִתַּ֫חַת לְ
oberhalb von	מֵעַל לְ
zweiter	שֵׁנִי

2

Von Lektion 2 an sind die Vokabeln nach Wortarten und innerhalb derer alphabetisch angeordnet.

2.1 Verben

und (er) redete	וַיְדַבֵּר [דבר]
und (er) schrieb	וַיִּכְתֹּב
und (er) nahm	וַיִּקַּח [לקח]
und (er) gab	וַיִּתֵּן [נתן]
Partizip: einer, der gibt	נֹתֵן
Ptz: einer, der festsetzt	חֹקֵק
Ptz: einer, der tut / macht	עֹשֶׂה
st c zu עֹשֶׂה	עֹשֵׂה
AK: er hat(te) getan / gemacht	עָשָׂה

2.2 Nomina

Stein (f)	אֶבֶן
Zeichen	אוֹת
Mann / jemand / jeder	אִישׁ
nichtig	אֱלִיל
Treue / Zuverlässigkeit / Wahrheit	אֱמֶת
Tochter	בַּת
pl: Töchter	בָּנוֹת
Blut / Bluttat / Blutschuld	דָּם
lebendig	חַי
Leben	חַיִּים
Satzung	חֹק
Hand / Macht / Seite	יָד
tags / am Tage	יוֹמָם
Tage (pl zu יוֹם)	יָמִים
Mond	יָרֵחַ
Recht / richtig	יָשָׁר
Stern	כּוֹכָב
Lampe	מָאוֹר
Festzeit	מוֹעֵד
Königtum	מְלוּכָה
Befehl / Gebot	מִצְוָה
Gesetz / Urteil / Gericht	מִשְׁפָּט
Buch(rolle) / Brief	סֵפֶר
Urzeit / Ewigkeit	עוֹלָם
Volk (mit Artikel הָעָם)	עַם
unterdrückt	עָשׁוּק
Gerechtigkeit	צְדָקָה
klein	קָטֹן
Name	שֵׁם
Sonne	שֶׁמֶשׁ
Jahr	שָׁנָה
(pl) Jahre	שָׁנִים
zwei (f); st c שְׁתֵּי	שְׁתַּיִם
Weisung	תּוֹרָה
Rettungstat	תְּשׁוּעָה

2.3 Pronomina, Partikel

diese (pl)	אֵלֶּה
du (m)	אַתָּה
so	כֹּה
dort	שָׁם

3

3.1 Verben

und (er) suchte	וַיְבַקֵּשׁ
und (er) opferte	וַיִּזְבַּח
und (er) schrieb	וַיִּכְתֹּב
(er) hat(te) gegeben – AK zu וַיִּתֵּן Vok. 2	נָתַן
Ptz: stehend	עֹמֵד
und (er) schickte	וַיִּשְׁלַח
und (er) hörte	וַיִּשְׁמַע

3.2 Nomina

Mensch(heit)	אָדָם
Bruder / Verwandter	אָח
Männer (pl zu אִישׁ)	אֲנָשִׁים
Betreuer / Erzieher	אֹמֵן
Sohn / Angehöriger	בֵּן
Söhne (pl)	בָּנִים
Rind(vieh)	בָּקָר
gepriesen / gesegnet	בָּרוּךְ
Vertrag / Verpflichtung / Bund	בְּרִית
Held	גִּבּוֹר
Schlachtopfer	זֶבַח
alt	זָקֵן
Kraft / Heer	חַיִל
fünf	חָמֵשׁ
Tafel	לוּחַ
vor (siehe unten)	לִפְנֵי
Kraft / sehr	מְאֹד
hundert	מֵאָה
Lampe	מָאוֹר
Herrschaft	מֶמְשֶׁלֶת
Brief / Buch(rolle)	סֵפֶר
Briefe (pl)	סְפָרִים
Stadt	עִיר
zehn	עֲשָׂרָה
st cs zehn	עֲשֶׂרֶת
Gesicht / Oberfläche	פָּנִים
st cs + לְ : vor (Präp.)	לִפְנֵי
Kleinvieh (Schafe und Ziegen)	צֹאן
Heer	צָבָא
vierter	רְבִיעִי
Hunger	רָעָב
Schüssel / Gewölbe	רָקִיעַ
Anführer / Beamter	שַׂר

siebzig	שִׁבְעִים
drei	שָׁלֹשׁ
zweiter	שֵׁנִי
zwei (m)	שְׁנַיִם
st cs	שְׁנֵי

3.3 Pronomina, Partikel

hinter / nach	אַחֲרֵי
ihr (m pl)	אַתֶּם
sie (m pl)	הֵמָּה
dies / dieser / hier	זֶה
Präposition: wie / entsprechend / vor Zahlen: ungefähr / genau	כְּ
mit	עִם

4

Die deutschen Bedeutungen werden ab jetzt auch bei den Narrativen als Infinitive angegeben. Wurzeln werden nur angegeben, wenn sie aus der Narrativ-Form nicht ohne weiteres ableitbar sind.

4.1 Verben

kommen / hineingehen	וַיָּבֹא [בּוֹא]
AK von בּוֹא	בָּא
plündern	וַיָּבֹזּוּ
schaffen	וַיִּבְרָא
segnen	וַיְבָרֶךְ
gesegnet / gepriesen (Ptz pass)	בָּרוּךְ
gehen	וַיֵּלֶךְ [הלך]
vollenden	וַיְכַל [כלה]
fasten	וַיָּצוּמוּ [צוּם]
begraben	וַיִּקְבֹּר
heiligen	וַיְקַדֵּשׁ
aufstehen / sich aufmachen	וַיָּקָם [קוּם]
AK und Ptz zu קוּם	קָם
legen	וַיָּשֶׂם [שִׂים]
verbrennen	וַיִּשְׂרֹף
ruhen	וַיִּשְׁבֹּת

4.2 Nomina

gewiss / wahr	אָמֵן
Feuer	אֵשׁ
Tamariske	אֶשֶׁל
Held	גִּבּוֹר
Leiche	גְּוִיָּה
Abbild	דְּמוּת
Weg	דֶּרֶךְ
männlich	זָכָר
Nachkommenschaft / Same	זֶרַע
Kraft / Heer	חַיִל
Mauer	חוֹמָה

Esel	חֲמֹר
am Tage / tags	יוֹמָם
zusammen	יַחְדָּו
Einwohner (Ptz zu ישׁב)	יוֹשֵׁב
Kraft	כֹּחַ
allein	לְבַד
Messer	מַאֲכֶלֶת
Bote	מַלְאָךְ
Arbeit	מְלָאכָה
Herrschaft	מֶמְשָׁלָה
Werk	מַעֲשֶׂה
Ägypten	מִצְרַיִם
Ort / Stelle	מָקוֹם
Diener	מְשָׁרֵת
Wundertaten	נִפְלָאוֹת
weiblich	נְקֵבָה
Stadt (f)	עִיר
Städte (pl)	עָרִים
Brandopfer	עֹלָה
Säule	עַמּוּד
Wolke	עָנָן
Baum / Holz	עֵץ
Gebeine (s: עֶצֶם)	עֲצָמוֹת
zehn	עֲשָׂרָה
st cs	עֲשֶׂרֶת
Gefallen	רָצוֹן
Feld	שָׂדֶה
sieben	שֶׁבַע
	שִׁבְעָה
siebter	שְׁבִיעִי
sechster	שִׁשִּׁי
Genealogie / Geschichte	תּוֹלֵדוֹת

4.3 Partikel

Präposition: mit	אֵת
mit ihm	אִתּוֹ
siehe / hier (ist) (zur Aufmerksamkeit auffordern: „Pass auf!“ „Hör zu“!) - kein Verb!	הִנֵּה
Präposition: von / aus / wegen / mehr als	מִן
dort	שָׁם
unter / anstelle	תַּחַת

5

Soweit es sich nicht um schwache oder sonst unregelmäßige Verben handelt, werden ab sofort nur die Verbwurzeln angegeben. Für die alphabetische Anordnung der Narrative ist der erste sichtbare Wurzel-Konsonant maßgebend.

5.1 Verben

glauben	וַיַּאֲמֵן
versammeln	אסף
bauen	וַיִּבֶן [בנה]
fliehen	ברח
benachrichtigen	וַיַּגֵּד [נגד]
reden (AK)	דִּבֶּר
schlagen	וַיַּךְ [נכה]
König sein / werden	מלךְ
finden	מצא
erzählen / aufzählen	וַיְסַפֵּר
antworten / anfangen zu reden	וַיַּעַן [ענה]
treffen	פגשׁ
sich kümmern um	פקד
befehlen (AK)	צִוָּה
sehen (Ptz)	רֹאֶה
(sich) fürchten	וַיִּרָא וַיִּירָא
hinabgehen	וַיֵּרֶד [ירד]
sich freuen	שׂמח
sich niederlassen / sitzen / wohnen	וַיֵּשֶׁב [ישׁב]
umkehren / nochmals tun	וַיָּשָׁב [שׁוּב]
liegen / sich legen	שׁכב
küssen	וַיִּשַּׁק [נשׁק]

5.2 Nomina

Vater		אָב
	st cs	אֲבִי
	+ Suffix 3 s m	אָבִיו
	pl	אָבוֹת
Zeichen (nie im s mit Suffixen)		אוֹת
Schwester		אָחוֹת
verflucht		אָרוּר
Frau		אִשָּׁה
	st cs	אֵשֶׁת
	pl	נָשִׁים
(Nutz-)Tier(e)		בְּהֵמָה
Haus		בַּיִת
	st cs	בֵּית
Gebieterin		גְּבִירָה
Weg (m und f)		דֶּרֶךְ
Berg		הַר
männlich		זָכָר
klug / weise		חָכָם
Klugheit / Weisheit		חָכְמָה

Gunst / Ansehen	חֵן
Brot / Essen	לֶחֶם
Wüste / Steppe	מִדְבָּר
Fluss	נָהָר
Schlange (m)	נָחָשׁ
Junge / Knecht (Mensch in abhängiger Stellung)	נַעַר
Auge / Quelle	עַיִן
st cs	עֵין
Wolke	עָנָן
zehn	עֶשֶׂר
zwanzig	עֶשְׂרִים
Zeit	עֵת
Schatten	צֵל
Osten	קֶדֶם
Stimme / Geräusch	קוֹל
Kopf	ראשׁ
pl	רָאשִׁים
böse / schlimm	רַע
Gegner	שָׂטָן
achtzig	שְׁמוֹנִים

5.3 Pronomina, Partikel

sie (3 f s)	הִיא
(als Attribut) die / jene	הַהִיא
diese / dies hier (f s zu זֶה)	זֹאת
entgegen	לִקְרַאת
bis	עַד
jetzt	עַתָּה

6

6.1 Verben

lieben	אהב
binden	אסר
gering schätzen	בזה
sein / werden	היה
totschlagen	הרג
ermuntern	זקף
beugen	כפף
König sein / werden	מלך
unterdrücken	עשק
(vor Schreck) beben	פחד
sich kümmern um / heimsuchen / mustern	פקד
(die Augen) öffnen	פקח
zerreißen	קרע
sehen	ראה
hüten / bewahren / sorgfältig tun	שׁמר
richten / zum Recht verhelfen	שׁפט

6.2 Nomina

mächtig / herrlich	אַדִּיר
Witwe	אַלְמָנָה
tausend	אֶלֶף
vier	אַרְבַּע
Glück / wohl dem!	אַשְׁרֵי
Kleid(ungsstück)	בֶּגֶד
Fremdling	גֵּר
Geschlecht / Generation	דּוֹר
Weisheit / Fertigkeit	חָכְמָה
fünfzig	חֲמִשִּׁים
Solidarität / Treue	חֶסֶד
Meer / Westen	יָם
pl	יַמִּים
der Jordan	הַיַּרְדֵּן
Waise	יָתוֹם
Heer(lager)	מַחֲנֶה
Erbteil, Erbe	נַחֲלָה
Leben (f)	נֶפֶשׁ
andere Seite, jenseits	עֵבֶר
blind	עִוֵּר
Hilfe	עֵזֶר
verkehrt	עִקֵּשׁ
Schlinge / Falle	פַּח
gerecht	צַדִּיק
Zion	צִיּוֹן
Fallen (pl)	צַמִּים
Heiligtum	קֹדֶשׁ
Inneres / Mitte	קֶרֶב
Hunger(snot)	רָעָב
hungrig	רָעֵב
Frevel / Frevler	רָשָׁע
Hoffnung	שֵׂבֶר
Stock / Stamm	שֵׁבֶט
sieben	שֶׁבַע
acht	שְׁמוֹנֶה
sechs	שֵׁשׁ
neun	תֵּשַׁע

6.3 Partikel

אֲשֶׁר = ·שֶׁ

7

7.1 Verben

fliehen	ברח
Gericht halten	דבר מִשְׁפָּטִים
lagern	חנה
verstecken	טמן
weiterziehen	נסע
einreißen / zerstören	נתץ
hinausgehen	וַיֵּצֵא [יצא]

schreien	צעק
versammeln	קבץ
verfolgen	רדף אַחֲרֵי
hochheben	וַיָּרֶם [רום]
aufheben	וַיִּשָּׂא [נשׂא]
schlachten	שׁחט

7.2 Nomina

7.2.1 Segolata

Festkleid (f)	אַדֶּרֶת
Zelt	אֹהֶל
Ohr (f)	אֹזֶן
Widder	אַיִל (אֵיל)
Nichtvorhandensein / es gibt nicht	אַיִן (אֵין)
Haus	בַּיִת (בֵּית)
Häuser (→ KGr § 24 e)	בָּתִּים
Heer / Kraft	חַיִל (חֵיל)
Essig	חֹמֶץ
Silber	כֶּסֶף
Brot / Essen	לֶחֶם
Tod	מָוֶת (מוֹת)
Bronze (hier: metallene Fessel)	נְחֹשֶׁת
Fels	סֶלַע
Schritt / Mal (f)	פַּעַם
Horn (f)	קֶרֶן
Wagen	רֶכֶב
Tor	שַׁעַר
Mitte	תָּוֶךְ (תּוֹךְ)

7.2.2 Andere Nomina

Garten	גַּן
Mauer	חֹמָה
Jerusalem / Jeruschalájim → Qeré § 6	יְרוּשָׁלַיִם
Chaldäer / Babylonier	כַּשְׂדִּים
Kraft	לֵחַ
Stock / Stab	מַטֶּה
Kampf / Krieg	מִלְחָמָה
furchtbar	נוֹרָא
Gebüsch	סְבַךְ
Pferd	סוּס
Brandopfer	עֹלָה
faul	עָצֵל
Wüste	עֲרָבָה
Rauch / Wolke	עָשָׁן
Reiter	פָּרָשׁ
viel / groß	רַב
Zahn	שֵׁן

7.3 Pronomina, Partikel

hinter	אַחֲרֵי
attributiv: der / jener (3 m s)	הַהוּא
außer / sondern	כִּי אִם
was?	מַה· / מָה

7A Liste der bisher gelernten wichtigsten (schwachen) Verben

Narrativ	Partizip	AK	Wurzel	Bedeutung
וַיִּכְתֹּב	כֹּתֵב	כָּתַב	כתב	schreiben
וַיֹּאמֶר	אֹמֵר	אָמַר	אמר	sagen
וַיָּבֹא	בָּא	בָּא	בוֹא	kommen
וַיְדַבֵּר		דִּבֶּר	דבר	reden
וַיְהִי		הָיָה	היה	sein / werden
וַיִּרָא	יָרֵא	יָרֵא	ירא	fürchten
וַיַּךְ			נכה	schlagen
וַיֵּלֶךְ	הֹלֵךְ	הָלַךְ	הלך	gehen
וַיַּעַן	עֹנֶה	עָנָה	ענה	antworten
וַיַּעַשׂ	עֹשֶׂה	עָשָׂה	עשׂה	tun / machen
וַיֵּצֵא	יֹצֵא	יָצָא	יצא	hinausgehen
וַיִּקַּח	לֹקֵחַ	לָקַח	לקח	nehmen
וַיָּקָם	קָם	קָם	קוּם	aufstehen
וַיִּקְרָא	קֹרֵא	קָרָא	קרא	rufen
וַיַּרְא	רֹאֶה	רָאָה	ראה	sehen
וַיֵּרֶד	יֹרֵד	יָרַד	ירד	hinabgehen
וַיִּשָּׂא	נֹשֵׂא	נָשָׂא	נשׂא	aufheben
וַיָּשָׁב	שָׁב	שָׁב	שׁוּב	zurückkehren
וַיֵּשֶׁב	יֹשֵׁב	יָשַׁב	ישׁב	sitzen
וַיִּשְׁלַח	שֹׁלֵחַ	שָׁלַח	שׁלח	schicken
וַיִּשְׁמַע	שֹׁמֵעַ	שָׁמַע	שׁמע	hören
וַיִּתֵּן	נֹתֵן	נָתַן	נתן	geben

8

8.1 Verben

fürchte dich nicht!	אַל־תִּירָא
säen	זרע
samentragend	זֹרֵעַ זֶרַע
(sich) lagern	חנה
erzählen	וַיְסַפֵּר
den Namen JHWHs anrufen	קרא בְּשֵׁם יְהוָה
erwerben	רכשׁ
fragen / bitten	שׁאל
küssen	וַיִּשַּׁק [נשׁק]
und (er) warf sich nieder (Singular!)	וַיִּשְׁתַּחוּ [חוה]

8.2 Nomina

Stein (f)	אֶבֶן
Landbesitz	אֲחֻזָּה
Zuverlässigkeit / Treue	אֱמוּנָה
(fremdes) Volk	גּוֹי
Fremder / Schutzbürger	גֵּר
Berg / Gebirge (mit Artikel: הָהָר)	הַר
Freude / Gefallen	חֵפֶץ
Schwiegervater	חֹתֵן
recht / richtig	יָשָׁר
Priester	כֹּהֵן
Fremdlingschaft	מְגוּרִים
Altar	מִזְבֵּחַ
bester (Teil)	מֵיטָב
Königin	מַלְכָּה
Zahl	מִסְפָּר
wenig	מְעַט
Körperinneres / Eingeweide	מֵעִים
Hoffnung	מִקְוֶה
Vieh(besitz)	מִקְנֶה
Grünpflanzen / Kraut	עֵשֶׂב
Frucht	פְּרִי
Schatten	צֵל
nahe	קָרוֹב
erster	רִאשׁוֹן
das erste Mal	הָרִאשׁוֹנָה
Fuß / Bein (f)	רֶגֶל
Besitz	רְכוּשׁ
Freund / Nachbar / Kollege	רֵעַ / רֵעֶה
einer … dem / den anderen / einander	אִישׁ … רֵעֵהוּ
Friede / Glück / Heil / Wohlergehen	שָׁלוֹם
zwölf	שְׁתֵּים עֶשְׂרֵה
Gast	תּוֹשָׁב

8.3 Pronomina, Partikel

wegen	עַל־אוֹדוֹת
wir	אֲנַחְנוּ
du (f s)	אַתְּ
ihr (f pl)	אַתֵּן
auch	גַּם
sie (f s)	הִיא
sie (f pl)	הֵנָּה
wieviele	כַּמָּה

9

9.1 Verben

greifen / fassen	אחז
essen	אכל
wählen	בחר
denken an / sich erinnern	זכר
stärken	וַיְחַזֵּק
erkennen / wissen	ידע
schneiden / fällen	כרת
sich verpflichten / einen Bund schließen	כרת בְּרִית
ergreifen / einnehmen / fangen	לכד
sammeln	לקט
schlagen / klatschen	מחא
abwischen	מחה
fliehen	וַיָּנָס [נוס]
dienen	עבד
hindurch- / hinüber- / vorübergehen (engl. to pass)	עבר
stehen / sich stellen	עמד
schreien	צעק
brausen / tosen	רעם
trinken	שׁתה
lauern	שׁקד
ins Horn stoßen	תקע בַּשּׁוֹפָר

9.2 Nomina

Feind	אוֹיֵב
Brunnen	בְּאֵר
Verpflichtung / Bund / Vertrag (f)	בְּרִית
Grenze / Gebiet	גְּבוּל
Steinhaufen	גַּל
männlich	זָכָר
Schwanz	זָנָב
Verfehlung	חַטָּאת
Schwert	חֶרֶב
zusammen	יַחַד
rechts	יָמִין
Hand(fläche) (f)	כַּף
Weinberg	כֶּרֶם
Aufrichtigkeit	מֵישָׁרִים
Fülle	מְלֹא

Furt	מַעְבָּרָה
zweiter	מִשְׁנֶה
Prophet	נָבִיא
Fluss	נָהָר
Schlange (m)	נָחָשׁ
Jugend	נְעוּרִים
Zeuge	עֵד
Schuld	עָוֹן
Vergehen	פֶּ֫שַׁע
Gerechtigkeit	צֶ֫דֶק
Ende	קָצֶה
Erbarmen / Liebe	רַחֲמִים
links	שְׂמֹאול
Nichtiges	שָׁוְא
Widderhorn	שׁוֹפָר
Festland (f)	תֵּבֵל
Mühsal	תְּלָאָה

9.3 Partikel

hinter, nach(dem)	אַחֲרֵי
Verneinung im Begehrsatz	אַל
wenn	אִם
auch	גַּם
siehe	הֵן
Partikel, kennzeichnet Wunsch- oder Begehersatz	נָא־
damit / um … willen	לְמַ֫עַן
bis	עַד
damit nicht / sonst	פֶּן

10

10.1 Verben

vertrocknen	אבל
fluchen	אלה
(ver)sammeln	אסף
wegnehmen	גזל
stehlen	גנב
sich kümmern um	דרשׁ
können	יָכֹל
formen	יצר
gehen (inf)	לֶ֫כֶת [הלך]
voll sein / füllen	מָלֵא
ehebrechen	נאף
berühren	נגע
zerstören	פרץ
ausbreiten	פרשׂ
kaufen	קנה
morden	רצח
satt werden	שׂבע
zerbrechen	שׁבר

10.2 Nomina

Ende / Zukunft	אַחֲרִית
Flasche / Krug	בַּקְבֻּק
Tal	גַּיְא
Fisch	דָּג
Getreide / Ernte	דָּגָן
Erkenntnis	דַּעַת
Lebewesen	חַיָּה
Hof	חָצֵר
Scherbe	חַרְסִית
Ton	חֶרֶשׂ
Töpfer	יֹצֵר חֶרֶשׂ
Frühregen (Oktober)	יוֹרֶה
Öl	יִצְהָר
Priester	כֹּהֵן
Gerät / Gefäß / Waffe	כְּלִי
Geräte (pl)	כֵּלִים
Sitz / Stuhl / Thron	כִּסֵּא
Herz	לֵב / לֵבָב
Regen	מָטָר
Spätregen (April)	מַלְקוֹשׁ
Dauer / noch / immer	עוֹד
Vogel	עוֹף
Nacken	עֹרֶף
Kraut / Grünzeug	עֵשֶׂב
Mund	פֶּה
st cs und vor suf	פִּי
Öffnung / Eingang	פֶּתַח
Versammlung / Gemeinde	קָהָל
Rechtsstreit	רִיב
Anfang	רֵאשִׁית
Wein	תִּירֹשׁ
ständig / dauernd	תָּמִיד

10.3 Partikel, Präpositionen

wenn / leitet auch Wunsch-, Schwur-, Fragesatz ein	אִם
wegen	עַל־אוֹדוֹת
außer / sondern	בִּלְתִּי
Verneinung des Infinitivs	לְבִלְתִּי
so	כָּכָה
Präposition: wie (vor Suffixen)	כְּמוֹ
gegenüber	נֶגֶד
jetzt	עַתָּה
nur	רַק

11

11.1 Verben

fallen	וַיִּפֹּל [נפל]
laufen	וַיָּ֫רָץ [רוץ]
AK (→ קָם, Vok 7A)	רָץ [רוץ]
er warf sich nieder / betete an (Singular!)	וַיִּשְׁ֫תַּחוּ [חוה]
berauben	גזל
sich verfehlen / sündigen	חטא
Gewalt antun	חמס
nehmen / fangen	לכד
salben	משח
sich stärken	סעד לֵב
unterdrücken	עשׁק
waschen	רחץ
reiten / fahren	רכב
ausgießen	שׁפך

11.2 Nomina

großer Baum	אֵלוֹן
Witwe	אַלְמָנָה
vierzig	אַרְבָּעִים
Fleisch	בָּשָׂר
Ölbaum	זַ֫יִת
[inf חמם „heiß sein“]	חֹם
in der Mittagshitze	כְּחֹם הַיּוֹם
Ansehen	חֵן
Trümmerstätte	חָרְבָּה
Waise	יָתוֹם
Zunge / Sprache	לָשׁוֹן
Buch(rolle)	מְגִלָּה
Furt	מַעְבָּרָה
Spruch JHWHs	נְאֻם יְהוָה
unschuldig	נָקִי
Pferd	סוּס
Entkommener	פָּלִיט
Bissen	פַּת
Wagen	רֶ֫כֶב
Ähre	שִׁבֹּ֫לֶת

11.3 Partikel

(da)nach	אַחַ֫ר

12

12.1 Verben

geh! (Impt)	לֵךְ [הלך]
er starb	וַיָּ֫מָת [מות]
er stirbt (PK)	יָמוּת
er ist gestorben / tot (AK / Ptz)	מֵת
Pi: belehren	אלף
Nif: fest sein; Hif: fest machen / glauben	אמן
prüfen	בחן

bauen	בנה
heiraten	בעל
stark sein	גבר
Pi: rühmen	הלל
totschlagen	הרג
alt werden / sein	זָקֵן
leben	חיה
Gefallen haben an	חפץ ב
verstummen	חרשׁ
schwer sein; Pi: ehren	כָּבֵד
Hif: ausrotten	כרת
Nif: kämpfen	לחם
fallen	נפל
verlassen	עזב
erlösen	פדה
öffnen	פתח
Pi: gerecht sprechen	צדק
Hif: aufmerken	קשׁב
Pi: auskundschaften	רגל
satt werden; Hif: satt machen	שׂבע
Pi: hoffen / warten	שׂבר
Nif: übrig bleiben; Hif: übrig lassen	שׁאר
Pi: preisen	שׁבח
Nif: schwören	שׁבע
schicken; Pi: entlassen	שׁלח
Hif: ausrotten	שׁמד
verlassen sein	שׁמם

12.2 Nomina

Schwester	אָחוֹת
Essen	אֹכֶל
Volksstämme	אֻמִּים
junger Mann	בָּחוּר
junge Frau	בְּתוּלָה
Geschrei	זַעֲקָה
Verfehlung	חַטָּאת
lebendig (st cs חֵי)	חַי
Trümmerstätte	חָרְבָּה
Bräutigam	חָתָן
schön anzusehen	יְפַת מַרְאֶה
(der) Jordan	הַיַּרְדֵּן
Braut	כַּלָּה
rechtschaffen	כֵּן
Worte	מִלִּין
Freude	מָשׂוֹשׂ
Gewahrsam	מִשְׁמָר
Gerechtigkeit	צֶדֶק
Not	צָרָה
Hunger	רְעָבוֹן
(Wohl)gefallen	רָצוֹן
Getreide	שֶׁבֶר
dritter	שְׁלִישִׁי

zwölf	שְׁנֵים עָשָׂר

12.3 Partikel

hier / hierher	הִנֵּה
Vorhandensein / es gibt	יֵשׁ

13

13.1 Verben

setzen / stellen / legen	וַיָּשֶׂם [שִׂים]
Pi: suchen / aussein auf	בקשׁ
groß sein / werden; Pi und Hif: groß machen	גדל
Hitp: sich entrüsten	גער
Pi: vertreiben	גרשׁ
Hitp: hin und her gehen	הלך
aufhören / unterlassen	חדל
Hitp: hin und her zucken	הפך
gebären	ילד
Hif: beschimpfen	כלם
anziehen / bekleiden	לָבֵשׁ
Nif und Hitp: als Prophet auftreten	נבא
Pi: stoßen	נגח
Qal: sich nähern; Hif: darbringen	נגשׁ
Hif: schlagen	נכה
einreißen	נתץ
vergeben	סלח
Hif: verbergen; Nif und Hitp: sich verbergen	סתר
verlassen	עזב
hinaufgehen; Hif: (als Brandopfer) darbringen	עלה
Hif: Erfolg haben	צלח
Qal und Pi: versammeln	קבץ
heilig sein; Pi und Hif: weihen / heiligen; Hitp: sich als heilig erweisen	קדשׁ
Pi und Hif: als Rauch aufsteigen lassen	קטר
(Vieh) weiden, hüten	רעה
Pu: verrückt sein; Hitp: sich rasend gebärden	שׁגע
Hif: sich früh aufmachen	שׁכם
sich aufhalten; Hif: hinstellen	שׁכן
Pi: entstellen	שׁנה

13.2 Nomina

Ackerboden	אֲדָמָה
vier	אַרְבַּע
„Aschére“ (Kultpfahl)	אֲשֵׁרָה
Kleid(ungsstück)	בֶּגֶד
Eisen	בַּרְזֶל
בַּת + suf: seine Tochter	בִּתּוֹ
großer Platz / Tenne	גֹּרֶן
Tür(pflügel)	דֶּלֶת
Bart	זָקָן
Fremder	זָר
fest / stark	חָזָק

mangelnd / fehlend	חָסֵר
Schwert / Dolch	חֶ֫רֶב
rein	טָהוֹר
Verstand	טַ֫עַם
„Kerub“	כְּרוּב
Flamme	לַ֫הַט
etwas	מְא֫וּמָה
Sonnenuntergang	מְבוֹא שֶׁ֫מֶשׁ
Sonnenaufgang	מִזְרַח שֶׁ֫מֶשׁ
Reigentanz	מְחֹלָה
morgen (folgender Tag)	מָחָר
Gabe / Tribut	מִנְחָה
Fremder	נָכְרִי
Schuld / Strafe	עָוֹן
Jungstier (mit Art.: הַפָּר)	פַּר
Osten	קֶ֫דֶם
zehntausend	רְבָבוֹת
Speichel	רִיר
erhaben	רָם
schwach	רָפֶה
Lippe / Ufer	שָׂפָה
Wohlergehen / Glück / Heil / Friede	שָׁלוֹם

13.3 Partikel

wo?	אֵי / אַיֵּה
fürwahr	אָכֵן
woher?	מֵאַ֫יִן
warum?	לָ֫מָּה / לָמָּה

14

14.1 Verben

schwanger sein / werden	וַתַּ֫הַר [הרה]
gebären	וַתֵּ֫לֶד [ילד]
berichten / melden (AK Hif)	הִגִּיד [נגד]
nimm!	קַח [לקח]
gib!	תֵּן [נתן]
schneiden	גזר
Hurerei treiben	זנה
schlafen	יָשֵׁן
Nif: sich regen	כמר
hinaufgehen	עלה
durstig sein	צָמֵא
hassen	שָׂנֵא
fragen	שׁאל
liegen / sich legen	שׁכב
Hif: zu trinken geben	שׁקה

14.2 Nomina

eine (f)	אַחַת
Mutter	אֵם
Dienerin	אָמָה

Seite / neben	אֵצֶל
Bauch / Mutterleib	בֶּטֶן
Ach, mein Herr!	בִּי אֲדֹנִי
Daniter	דָּנִי
schwanger (f)	הָרָה
allein	זוּלָתִי
Hure	אִשָּׁה זוֹנָה
Schoß / Brust	חֵיק
Milch	חָלָב
Hälfte	חֲצִי
unrein	טָמֵא
Wein	יַיִן
Kind	יֶלֶד
Schermesser	מוֹרָה
Aussehen	מַרְאֶה
Sippe / Großfamilie	מִשְׁפָּחָה
schrecklich	נוֹרָא
Schlauch	נֹאד
Geweihter	נָזִיר
Elend	עָנִי
unfruchtbar (f)	עֲקָרָה
Kopf	רֹאשׁ
Mutterleib	רֶחֶם
Mutterliebe / Erbarmen	רַחֲמִים
berauschendes Getränk	שֵׁכָר
Morgenröte	שַׁחַר
dritter	שְׁלִישִׁי
Sklavin	שִׁפְחָה
zwei (f)	שְׁתַּיִם

14.3 Partikel

woher?	אֵי־מִזֶּה
hier	פֹּה

15

Von Lektion 15 an sind nur noch Lernvokabeln aufgeführt. Weitere unbekannte Wörter müssen im Lexikon gesucht werden.

15.1 Verben

sich lagern	וַיִּחַן [חנה]
hinaufgehen; Hif: (Brandopfer) darbringen	וַיַּעַל [עלה]
Pi: retten; Nif: sich retten	מלט
Qal: sich nähern; Hif: herbringen	נגשׁ
Hif: herausreißen / retten	נצל
verschließen	סגר
gefangen wegführen	שׁבה
Hif: werfen	שׁלך

15.2 Nomina

Feind	אוֹיֵב
Mensch	אֱנוֹשׁ
Besitzer / Herr / Ba'al	בַּעַל
Dach	גָּג

eilends	מְהֵרָה
Stärke / Macht	עֹז
Kopf / Anführer	רֹאשׁ

15.3 Partikel

welcher?	אֵי־זֶה
nur	אַךְ

16

16.1 Verben

AK Hif: bringen	הֵבִיא [בּוֹא]
PK Hif	יָבִיא
Qal und Pi: aufdecken / offenbaren; Hif: in die Verbannung führen	גלה
Hif: retten	ישׁע
Pi: sich weigern	מאן
verlassen	עזב
Nif: wunderbar sein	פלא
Qal: lachen; Pi: sich lustig machen / scherzen	צחק
liegen / sich legen	שׁכב
Pi: dienen	שׁרת
anfassen	תפשׂ

16.2 Nomina

Arm (f)	זְרוֹעַ
neu	חָדָשׁ
Gasse / draußen	חוּץ
rechts	יָמִין
Hilfe / Rettung	יְשׁוּעָה
Psalm	מִזְמוֹר
Arbeit	מְלָאכָה
Lied	שִׁיר

16.3 Partikel

da / damals	אָז
mit mir [עִם + suf]	עִמָּדִי

17

17.1 Verben

verfluchen	ארר
leben	חיה
entbrennen	חרה
Zorn entbrannte	וַיִּחַר אַף
Hif: fortfahren / noch einmal tun	יסף
Nif und Hitp: sich hinstellen	נצב / יצב
Pi: bedecken	כסה
ausstrecken / abbiegen; Hif: beugen	נטה
sich wenden	פנה
niederknien	וַיִּקֹּד [קדד]

17.2 Nomina

Nase / Zorn (f)	אַף
Eselin	אָתוֹן

Grenze / Gebiet	גְּבוּל
Blut / Bluttat / Blutschuld	דָּם
Handwerker	חָרָשׁ
Flügel / Zipfel (f)	כָּנָף
(gegossenes) Gottesbild	מַסֵּכָה
Werk / Arbeit / Tat	מַעֲשֶׂה
Versteck	סֵתֶר
(geschnitztes) Gottesbild	פֶּסֶל
eng / Not / Feind	צַר
Wand / Mauer	קִיר
Gegner / Widersacher	שָׂטָן

17.3 Partikel

wenn (Wunsch)	לוּ
wenn nicht (Wunsch)	לוּלֵי / לוּלֵא

18

18.1 Verben

umherirren / verlorengehen	אבד
weinen	בכה
bauen	בנה
fragen / suchen / aus sein auf	דרשׁ
pflanzen	נטע
(be)klagen	ספד
einreißen	פרץ
Pi: befehlen	צִוָּה
zerreißen	קרע
binden / sich verschwören	קשׁר
zahlreich sein / werden	רבה
fern sein	רחק
heilen	רפא
satt sein / werden	שׂבע
hassen	שָׂנֵא
vergessen	שׁכח

18.2 Nomina

Zeichen (nie Singular mit Suffixen)	אוֹת
Grube / Zisterne	בּוֹר
Exil / Exulanten	גּוֹלָה

19

Von hier an werden die Verben ע״וי nur noch unpunktiert angeführt.

19.1 Verben

verachten	בוז / בזה
plündern	בזז
als Schutzbürger / Fremder leben	גור
kleben / hängen an	דבק
fließen	זוב
Land, das von Milch und Honig fließt	אֶרֶץ זָבַת חָלָב וּדְבָשׁ

(um Hilfe) rufen	זעק
aufhören	חדל
sich niederwerfen / anbeten / huldigen (AK)	הִשְׁתַּחֲוָה [חוה]
Pi: entweihen; Hif: anfangen	חלל
in Besitz nehmen	ירשׁ
(über Nacht) bleiben	לין
Hif: hinstellen	הֵנִיחַ [נוח]
küssen	נשׁק
Pi: unterdrücken	ענה
dringend bitten	פגע בְּ
schreien	צעק
böse sein; Hif: Böses tun	רעע
sich aufhalten; Pi: wohnen lassen	שׁכן

19.2 Nomina

Ackerboden / Erde	אֲדָמָה
bitter	מַר
Fluss	נָהָר
Elend	עֳנִי
hart	קָשֶׁה
Hoffnung	תִּקְוָה

20

20.1 Verben

krank sein / werden	חלה
gnädig sein	חנן
(er) kann (PK Qal יָכֹל)	יוּכַל
abweichen; Hif: wegschaffen	סור
vergeben	סלח
Hitp: beten	פלל
hoch sein; Hif: erheben	רום
Pi: sich erbarmen	רחם
gern haben / Gefallen haben	רצה
misshandeln	רצץ
freveln	רשׁע
Geschick wenden	שׁוּב שְׁבוּת
vollständig / fertig / zuende sein	תמם

20.2 Nomina

Hund	כֶּלֶב
Gesalbter (König)	מָשִׁיחַ
Fürst	נָגִיד
Vogel	עוֹף
Auflehnung / Verbrechen	פֶּשַׁע
Fels	צוּר
fern	רָחוֹק
Rind	שׁוֹר
Flehen	תְּחִנָּה
Gebet	תְּפִלָּה

20.3 Partikel

deshalb	לָכֵן

21

21.1 Verben

verstehen	בין
Fest feiern	חגג
Hif: still sein	חרשׁ
gut sein / werden; Hif: gut machen	יטב
Hif: zurechtweisen / bestimmen	יכח
Pi: lügen	כזב
Qal: fertig sein; Pi: fertig machen / zuende tun	כלה
Pi: eilen / schnell tun	מהר
Pi: trösten; Nif und Hitp: bereuen	נחם
begegnen	קרה
Hif: sich früh aufmachen / früh tun / eifrig tun	שׁכם
(Wasser) schöpfen	שׁאב
Hif: zu trinken geben	שׁקה

21.2 Nomina

junge Frau	בְּתוּלָה
Kamel	גָּמָל
Gold	זָהָב
außerhalb	מִחוּץ
noch nicht / bevor	טֶ֫רֶם
Krug	כַּד
Schulter / Nacken	שְׁכֶם

22

22.1 Verben

gürten	אזר
Hitp: um Gnade bitten	חנן
Hif: preisen / danken	ידה
formen / bilden	יצר
Qal und Hif: verbrennen	יצת
Nif: übrig bleiben; Hif: übrig lassen	יתר
wanken	מוט
Qal: ruhen	נוּחַ
Hif 1: Ruhe schaffen	הֵנִיחַ
Hif 2: hinstellen / legen / ruhen lassen	הִנִּיחַ
weiterziehen	נסע
bewachen	נצר
Qal: sich drehen / umgeben	סבב
helfen	עזר
wirksam werden	צלח
Hif: verstehen / klug machen / Erfolg haben	שׂכל
sich freuen	שׂמח
plündern	שׁסס

22.2 Nomina

mannhaft / Held / Krieger	גִּבּוֹר
Krankheit	חֳלִי
Zorn	חֵמָה
Lanze / Speer	חֲנִית

Heer(lager)	מַחֲנֶה
morgen	מָחָר
morgen	מִמָּחֳרָת
Atem	נְשָׁמָה
Gemeinde	עֵדָה
„Obergemach“ / Zimmer auf dem Dach	עֲלִיָּה
Staub	עָפָר
Augenblick	רֶ֫גַע
Freude	שִׂמְחָה
Totenreich	שְׁאוֹל

22.3 Partikel

nicht	בַּל
wenn (meist im irrealen Wunschsatz)	מִי יִתֵּן
um … willen	לְמַ֫עַן

23

23.1 Verben

trocken sein / werden	יָבֵשׁ
Pi und Hif: warten	יחל
zurückhalten	כלא
mit Steinen werfen, steinigen	סקל
spähen	צפה
Qal: gering / leicht sein; Pi: verfluchen	קלל
nahe sein	קרב

23.2 Nomina

Regen	גֶּ֫שֶׁם
Neumond / Monat	חֹ֫דֶשׁ
Fenster	חַלּוֹן
Taube	יוֹנָה
Brandopfer	עֹלָה
Rabe	עֹרֵב
Fluch	קְלָלָה
Ende	קָצֶה
Ernte	קָצִיר

23.3 Partikel

vielleicht	אוּלַי
um … willen	בַּעֲבוּר
warum?	מַדּוּעַ

24

24.1 Verben

sich schämen	בּוֹשׁ
träumen	חלם
niederknien	כרע
herrschen über	משׁל ב
Qal: zählen; Pi: erzählen	ספר
sich auflehnen	פשׁע
eifersüchtig sein / werden	קנא
stoßen / schlagen	תקע

24.2 Nomina

Lärm	הָמוֹן
Zimmer	חֶדֶר
Traum	חֲלוֹם
Bett	מִטָּה
Hüften / Lenden	מָתְנַיִם

24.3 Partikel

Abstand / hinter / aus / durch	בַּעַד
Verneinungspartikel	בְּלִי

Lernvokabel-Register

5	Vater	אָב
18	umherirren, verlorengehen	אבד
8	Stein (f)	אֶבֶן
1	Herr	אָדוֹן
1	Der Herr (Gottesname)	אֲדֹנָי
19	Acker(boden) / Land / Erde	אֲדָמָה
6	lieben	אהב
7	Zelt	אֹהֶל
15	Feind	אוֹיֵב
23	vielleicht	אוּלַי
0	Licht	אוֹר
18	Zeichen (nie mit Suffixen)	אוֹת
16	da / damals	אָז
7	Ohr (f)	אֹזֶן
22	gürten	אזר
3	Bruder / Verwandter	אָח
0	eins / ein / einer	אֶחָד
12	Schwester (s + pl)	אָחוֹת
9	fassen / greifen	אחז
11	hinter / nach	אַחַר
9	hinter / nach	אַחֲרֵי
14	eine (f)	אַחַת
13	wo?	אַיֵּה / אֵי
15	welcher?	אֵי־זֶה
7	Widder	אַיִל
7	Nichtvorhandensein / es gibt nicht	אַיִן
2	Mann / jemand / jeder	אִישׁ
15	nur	אַךְ
9	essen	אכל
13	fürwahr	אָכֵן
9	nicht (im Begehrsatz)	אַל
1	Gott (nie im Plural mit Suffix)	אֵל
1	zu / nach (Richtung, Ziel)	אֶל־
2	diese (pl)	אֵלֶּה
0	Gott / Götter	אֱלֹהִים
11	Witwe	אַלְמָנָה
6	tausend	אֶלֶף
10	wenn	אִם
14	Mutter	אֵם
14	Dienerin	אָמָה
8	Treue / Zuverlässigkeit	אֱמוּנָה
12	Nif: fest sein; Hif: glauben	אמן
0	sagen	אמר
2	Treue / Zuverlässigkeit	אֱמֶת
15	Mensch	אֱנוֹשׁ
8	wir	אֲנַחְנוּ
1	ich	אֲנִי / אָנֹכִי
3	Männer / Leute	אֲנָשִׁים
10	(ver)sammeln	אסף
6	binden	אסר

17	Nase / Zorn	אַף
14	Seite / neben	אֵצֶל
13	vier	אַרְבַּע
0	Land / Erde (f)	אֶרֶץ
17	verfluchen	ארר
4	Feuer	אֵשׁ
5	Frau	אִשָּׁה
1	Relativpartikel	אֲשֶׁר
5	Frau (st cs)	אֵשֶׁת
8	du (f)	אַתְּ
0	Akkusativpartikel	אֵת / אֶת־
4	mit (Begleitung)	אֵת
2	du (m)	אַתָּה
17	Eselin	אָתוֹן
3	ihr (m)	אַתֶּם
8	ihr (f)	אַתֶּן
0	in / an / bei (Kontakt)	בְּ
9	Brunnen	בְּאֵר
13	Kleid(ungsstück)	בֶּגֶד
5	(Nutz-)Tier(e)	בְּהֵמָה
4	hineingehen / kommen; Hif: bringen	בּוֹא
19	verachten	בּוּז
18	Grube / Zisterne	בּוֹר
24	sich schämen	בּוֹשׁ
19	verachten	בזה
19	plündern	בזז
12	prüfen	בחן
9	wählen	בחר
14	Bauch / Mutterleib	בֶּטֶן
21	verstehen	בִּין
1	zwischen	בֵּין
7	Haus	בַּיִת
18	weinen	בכה
22	nicht	בַּל
24	Verneinungspartikel	בְּלִי
10	außer / sondern	בִּלְתִּי
10	Verneinung des Infinitivs	לְבִלְתִּי
3	Sohn / Angehöriger	בֵּן
18	bauen	בנה
2	Töchter	בָּנוֹת

3	Söhne	בָּנִים
23	um … willen	בַּעֲבוּר
24	aus / durch / hinter	בַּעַד
15	Besitzer / Herr	בַּעַל
3	Rind(vieh)	בָּקָר
0	Morgen	בֹּקֶר
13	Pi: suchen / aussein auf	בִּקֵּשׁ
4	schaffen	ברא
13	Eisen	בַּרְזֶל
7	fliehen	ברח
9	Verpflichtung / Bund	בְּרִית
4	Pi: segnen	ברך
11	Fleisch	בָּשָׂר
2	Tochter	בַּת
21	junge Frau	בְּתוּלָה
17	Grenze / Gebiet	גְּבוּל
22	mannhaft / Krieger / Held	גִּבּוֹר
15	Dach	גָּג
13	groß sein / werden	גדל
1	groß	גָּדוֹל
8	(fremdes) Volk	גּוֹי
18	Exil / Exulanten	גּוֹלָה
19	als Schutzbürger leben	גּוּר
16	aufdecken / offenbaren; Hif: ins Exil führen	גלה
8	auch	גַּם
21	Kamel	גָּמָל
7	Garten	גַּן
8	Schutzbürger / Fremdling	גֵּר
13	vertreiben	גרשׁ
23	Regen	גֶּשֶׁם
19	kleben / anhängen	דבק
5	Pi: reden	דִּבֶּר
1	Wort / Sache / Angelegenheit	דָּבָר
6	Generation	דּוֹר
13	Tür(flügel)	דֶּלֶת
17	Blut / Bluttat / Blutschuld	דָּם
5	Weg	דֶּרֶךְ
18	fragen / suchen	דרשׁ

0	Artikel	הַ·
1	er	הוּא
8	sie	הִיא
7	sein / werden / geschehen	היה
4	gehen	הלך
12	Pi: rühmen	הִלֵּל
24	Lärm	הָמוֹן
3	sie (m pl)	הֵם / הֵמָּה
8	sie (f pl)	הֵנָּה
12	hier / hierher	הֵנָּה
4	siehe / hier ist	הִנֵּה
8	Berg / Gebirge	הַר
12	totschlagen	הרג
14	schwanger sein / werden	הרה
19	sich niederwerfen / huldigen	הִשְׁתַּחֲוָה
0	und / aber / dass	וְ / וּ
11	sich niederwerfen / huldigen	וַיִּשְׁתַּחוּ
5	diese (f s zu זֶה)	זֹאת
19	fließend (Ptz f s zu זוּב)	זָבָה
19	Ein Land, das von Milch und Honig fließt	אֶרֶץ זָבַת חָלָב וּדְבַשׁ
3	dieser (m s) / dies / hier	זֶה
21	Gold	זָהָב
14	Hure	(אִשָּׁה) זוֹנָה
11	Ölbaum	זַיִת
9	denken an / sich erinnern	זכר
9	männlich	זָכָר
19	(um Hilfe) rufen	זעק
12	alt werden / sein	זקן
3	alt	זָקֵן
13	Fremder	זָר
16	Arm	זְרוֹעַ
4	Same / Nachkommen	זֶרַע
21	ein Fest feiern	חגג
19	aufhören	חדל
24	Zimmer	חֶדֶר
16	neu	חָדָשׁ
23	Neumond / Monat	חֹדֶשׁ

11	sich niederwerfen / huldigen	חוה
7	Mauer	חוֹמָה
16	Gasse / draußen	חוּץ
9	fest / stark sein / werden; Hif: ergreifen	חזק
13	fest / stark	חָזָק
11	sich verfehlen / sündigen	חטא
12	Verfehlung	חַטָּאת
12	lebendig	חַי
17	leben	חיה
7	„so wahr JHWH lebt"	חַי יהוה
10	Tier / Lebewesen	חַיָּה
2	Leben / Lebenszeit	חַיִּים
7	Kraft / Heer	חַיִל
14	Schoß / Brust	חֵיק
6	Geschicklichkeit / Weisheit	חָכְמָה
20	schwach, krank sein / werden	חלה
24	Traum	חֲלוֹם
23	Fenster	חַלּוֹן
22	Krankheit	חֳלִי
19	Pi: entweihen; Hif: anfangen	חלל
24	träumen	חלם
22	Zorn	חֵמָה
4	Esel	חֲמוֹר
11	Gewalt antun	חמס
3	fünf	חָמֵשׁ
6	fünfzig	חֲמִשִּׁים
11	Gunst / Ansehen	חֵן
15	sich lagern	חנה
22	Lanze / Speer	חֲנִית
20	Qal: gnädig sein	חנן
22	Hitp: um Gnade bitten	חנן
6	Treue / Solidarität	חֶסֶד
8	Gefallen	חֵפֶץ
14	Hälfte	חֲצִי
10	Hof	חָצֵר
2	Satzung	חֹק
17	entbrennen (Zorn)	חרה
13	Schwert / Dolch	חֶרֶב
21	Hif: still sein	חרשׁ
17	Handwerker	חָרָשׁ
0	Finsternis	חֹשֶׁךְ

0	gut	טוֹב
14	unrein	טָמֵא
21	noch nicht / bevor	טֶרֶם

23	trocken werden / sein	יָבֵשׁ
2	Hand / Seite	יָד
22	Hif: preisen / danken	ידה
9	erkennen / wissen	ידע
0	Tag	יוֹם
23	Taube	יוֹנָה
4	zusammen	יַחְדָּו
23	warten	יחל
21	gut sein / werden	יטב
14	Wein	יַיִן
21	Hif: zurechtweisen / bestimmen	יכח
10	können	יָכֹל
14	gebären	ילד
14	Kind	יֶלֶד
6	Meer (pl: יַמִּים)	יָם
2	Tage	יָמִים
16	rechts	יָמִין
17	Hif: fortfahren / nochmals tun	יסף
7	hinausgehen	יצא
17	Hif und Hitp: sich hinstellen	יצב
22	formen / bilden	יצר
22	verbrennen	יצת
5	(sich) fürchten	יָרֵא
5	hinabgehen	ירד
12	der Jordan	הַיַּרְדֵּן
2	Mond	יָרֵחַ
19	in Besitz nehmen	ירשׁ
1	Israel	יִשְׂרָאֵל
12	Vorhandensein / es gibt	יֵשׁ
5	s. niederlassen / sitzen / wohnen	ישׁב
16	Hilfe / Rettung	יְשׁוּעָה
16	Hif: retten	ישׁע
8	richtig	ישׁר
11	Waise	יָתוֹם
22	Nif: übrig bleiben	יתר

3	wie / entsprechend	כְּ
12	schwer (sein / werden)	כָּבֵד
1	Gewicht / Ehre / Herrlichkeit	כָּבוֹד
21	Krug	כַּד
2	so	כֹּה
10	Priester	כֹּהֵן
2	Stern	כּוֹכָב
21	Pi: lügen	כזב
4	Kraft	כֹּחַ
0	ja / denn / weil / dass	כִּי
1	Gesamtheit	כֹּל / כָּל־
23	zurückhalten	כלא
20	Hund	כֶּלֶב
21	Qal: fertig sein	כלה
21	Pi: fertig sein / zuende tun	כִּלָּה
10	Gefäß / Gerät / Waffe	כְּלִי
10	wie (vor Suffixen)	כְּמוֹ
1	so / richtig	כֵּן
17	Flügel / Zipfel (f)	כָּנָף
10	Sitz / Stuhl / Thron	כִּסֵּא
17	Pi: bedecken	כסה
7	Silber / Geld	כֶּסֶף
9	Hand(fläche) (f)	כַּף
9	Weinberg	כֶּרֶם
24	niederknien	כרע
9	schneiden / fällen; Hif: ausrotten	כרת
9	Vertrag schließen	כרת בְּרִית
3	schreiben	כתב

0	zu / nach / in Bezug auf	לְ
1	nicht	לֹא
1	folgendermaßen (inf אמר)	לֵאמֹר
0	Herz	לֵב / לֵבָב
4	allein	לְבַד
13	anziehen / bekleiden	לָבֵשׁ
17	wenn (irrealer Wunsch)	לוּ
17	wenn nicht	לוּלֵא / לוּלֵי
12	Nif: kämpfen	לחם
7	Brot / Essen	לֶחֶם
0	Nacht	לַיְלָה
19	übernachten	לִין
11	nehmen / fangen	לכד

20	deshalb	לָכֵן
13	warum?	לָמָּה / לָמָה
22	um … willen	לְמַעַן
3	vor	לִפְנֵי
2	nehmen	לקח
5	entgegen	לִקְרַאת
11	Zunge / Sprache	לָשׁוֹן
3	Kraft / sehr	מְאֹד
3	hundert	מֵאָה
13	etwas	מְאוּמָה
16	Pi: sich weigern	מאן
11	Buch(rolle)	מְגִלָּה
5	Wüste / Steppe	מִדְבָּר
23	warum?	מַדּוּעַ
7	was?	מָה / מַה־
21	Pi: eilen / schnell tun	מהר
15	eilends	מַהֵר / מְהֵרָה
22	wanken	מוט
12	sterben	מות
7	Tod	מָוֶת
8	Altar	מִזְבֵּחַ
16	Psalm	מִזְמוֹר
21	außerhalb (von חוּץ)	מִחוּץ
22	Heer / Lager	מַחֲנֶה
22	morgen	מָחָר
7	Stock	מַטֶּה
24	Bett	מִטָּה
1	wer?	מִי
22	wenn doch nur …! (Wunsch)	מִי יִתֵּן
0	Wasser	מַיִם
10	voll sein / füllen	מָלֵא
4	Bote	מַלְאָךְ
16	Arbeit	מְלָאכָה
7	Kampf	מִלְחָמָה
15	Pi: retten; Nif: sich retten	מלט
6	König sein / werden	מלך
1	König	מֶלֶךְ
22	am nächsten Tag	מִמָּחֳרָת
4	von / aus / wegen / mehr als	מִן
13	Gabe / Tribut	מִנְחָה

17	(gegossenes) Gottesbild	מַסֵּכָה
8	Zahl	מִסְפָּר
8	wenig	מְעַט
8	Körperinneres / Eingeweide	מֵעִים
17	Werk / Arbeit / Tat	מַעֲשֶׂה
5	finden	מצא
2	Befehl / Gebot	מִצְוָה
4	Ägypten	מִצְרַיִם
8	Hoffnung	מִקְוֶה
4	Ort	מָקוֹם
8	Vieh(besitz)	מִקְנֶה
19	bitter	מַר
14	Aussehen	מַרְאֶה
11	salben	משׁח
20	Gesalbter	מָשִׁיחַ
24	herrschen über	משׁל ב
14	Sippe / Großfamilie	מִשְׁפָּחָה
2	Gesetz / Urteil / Gericht	מִשְׁפָּט
24	Hüften / Lenden	מָתְנַיִם
9	kennzeichnet Wunschsatz	־נָא
11	Ausspruch JHWHs	נְאֻם יְהוָה
13	Nif + Hitp: als Prophet auftreten	נבא
9	Prophet	נָבִיא
14	Hif: berichten / melden	נגד
10	gegenüber	נֶגֶד
20	Fürst	נָגִיד
10	berühren	נגע
15	sich nähern	נגשׁ
19	Fluß	נָהָר
22	Ruhen; Hif I: Ruhe verschaffen; Hif II: etwas niedersetzen	נוּחַ
9	fliehen	נוּס
6	Erbteil	נַחֲלָה
21	Nif: bereuen; Pi + Hitp: trösten	נחם
9	Schlange (m)	נָחָשׁ
17	ausstrecken / abbiegen	נטה
18	pflanzen	נטע
7A	Hif: schlagen	נכה
22	weiterziehen	נסע
5	Junge / Knecht	נַעַר

12	fallen	נפל
6	Leben (f)	נֶפֶשׁ
17	Nif + Hitp: sich hinstellen	נצב
15	Hif: retten	נצל
22	bewachen	נצר
11	unschuldig	נָקִי
7	heben	נשׂא
5	Frauen	נָשִׁים
22	Atem	נֶשֶׁם / נְשָׁמָה
19	küssen	נשׁק
2	geben	נתן
22	sich drehen / umgeben	סבב
15	verschließen	סגר
11	Pferd	סוּס
20	abweichen; Hif: wegschaffen	סוּר
20	vergeben	סלח
7	Fels	סֶלַע
18	(be)klagen	ספד
24	zählen; Pi: erzählen	ספר
3	Buch(rolle) / Brief	סֵפֶר
23	mit Steinen werfen, steinigen	סקל
13	Hif: verbergen; Pi + Hitp: sich verbergen	סתר
17	Versteck	סֵתֶר
9	dienen	עבד
1	Sklave / Diener	עֶבֶד
9	hindurch- / hinüber- / vorübergehen	עבר
9	bis	עַד
22	Gemeinde	עֵדָה
10	Dauer / noch / immer	עוֹד
2	Urzeit / Ewigkeit / alle Zeit	עוֹלָם
13	Schuld / Strafe	עָוֺן
20	Vogel	עוֹף
15	Stärke / Macht	עֹז
16	verlassen	עזב
22	helfen	עזר
5	Auge / Quelle	עַיִן
4	Stadt	עִיר
1	auf / über / wegen / gegen	עַל
14	hinaufgehen	עלה
23	Brandopfer	עֹלָה
22	Obergemach	עֲלִיָּה
2	Volk	עַם
3	mit	עִם
9	stillstehen / sich stellen	עמד
16	mit mir	עִמָּדִי
5	anfangen zu reden / antworten	ענה
19	Pi: unterdrücken	עִנָּה
19	Elend	עֳנִי
22	Staub	עָפָר
4	Holz / Baum	עֵץ
14	unfruchtbar	עֲקָרָה
0	Abend	עֶרֶב
23	Rabe	עֹרֵב
2	machen / tun	עשׂה
5	zehn	עֶשֶׂר
5	zwanzig	עֶשְׂרִים
11	unterdrücken	עשׁק
5	Zeit	עֵת
10	jetzt	עַתָּה
19	dringend bitten	פגע ב
10	Mund	פֶּה / פִּי
14	hier	פֹּה
16	Nif: wunderbar sein	פלא
20	Hitp: beten	פלל
9	damit nicht / sonst	פֶּן
17	sich wenden	פנה
3	Gesicht	פָּנִים
17	(geschnitzes) Gottesbild	פֶּסֶל
7	Schritt / Mal (f)	פַּעַם
6	sich kümmern um / heimsuchen	פקד
8	Frucht	פְּרִי
18	einreißen	פרץ
24	sich auflehnen	פשׁע
20	Auflehnung / Verbrechen	פֶּשַׁע
11	Bissen	פַּת
12	öffnen	פתח
10	Öffnung / Eingang	פֶּתַח

3	Kleinvieh (Schafe und Ziegen)	צֹאן
3	Heer	צָבָא
6	gerecht	צַדִּיק
12	Gerechtigkeit	צֶדֶק
2	Gerechtigkeit	צְדָקָה
18	Pi: befehlen	צִוָּה
20	Fels	צוּר
16	lachen	צחק
8	Schatten	צֵל
22	Qal: wirksam werden	צלח
13	Hif: Erfolg haben	צלח
19	schreien	צעק
23	spähen	צפה
17	eng / Not / Feind	צָר
12	Not	צָרָה

13	versammeln	קבץ
4	begraben	קבר
17	niederknien	קדד
1	heilig	קָדוֹשׁ
13	heilig sein	קדשׁ
10	Gemeinde / Versammlung	קָהָל
5	Stimme / Geräusch	קוֹל
4	aufstehen	קוּם
2	klein	קָטֹן / קָטָן
17	Wand	קִיר
23	gering / leicht sein; Pi: verfluchen	קלל
23	Fluch	קְלָלָה
24	Pi: eifersüchtig sein / werden	קנא
10	kaufen	קנה
23	Ende	קָצֶה
23	Ernte	קָצִיר
0	rufen	קרא
3	den Namen JHWHs anrufen	קרא בְּשֵׁם יְהוָה

23	nahe sein	קרב
6	Mitte / Inneres	קֶרֶב
21	begegnen	קרה
8	nahe	קָרוֹב
7	Horn	קֶרֶן
18	zerreißen	קרע
19	hart	קָשֶׁה
18	binden / sich verschwören	קשׁר

6	sehen	ראה
15	Kopf / Anführer	רֹאשׁ
8	erster	רִאשׁוֹן
7	zahlreich	רַב
18	zahlreich sein	רבה
8	Fuß (f)	רֶגֶל
22	Augenblick	רֶגַע
7	verfolgen	רדף אַחֲרֵי
0	Wind / Hauch / Geist (f)	רוּחַ
20	Qal: hoch sein; Hif: erheben	רוּם
11	laufen	רוּץ
20	ferne	רָחוֹק
20	Pi: sich erbarmen	רחם
14	Mutterleib	רֶחֶם
14	Mutterliebe / Erbarmen	רַחֲמִים
11	waschen	רחץ
18	fern sein	רחק
11	reiten / fahren	רכב
11	Wagen	רֶכֶב
13	erhaben	רָם
5	böse / schlimm	רַע
8	Freund / Nachbar / Kollege	רֵעַ
6	Hunger(snot)	רָעָב
13	weiden	רעה
8	einander	אִישׁ ... רֵעֵהוּ
19	böse sein; Hif: Böses tun	רעע
18	heilen	רפא
20	gern haben / Gefallen haben	רצה
20	misshandeln	רצץ
10	nur	רַק
20	freveln	רשׁע
6	Frevel / Frevler	רָשָׁע

18	satt werden / sein	שׂבע
4	Feld	שָׂדֶה
17	Widersacher	שָׂטָן
13	setzen / stellen / legen	שִׂים
22	Hif: verstehen / klug machen	שׂכל

9	links	שְׂמאוֹל
22	sich freuen	שׂמח
22	Freude	שִׂמְחָה
18	hassen	שָׂנֵא
13	Lippe / Ufer	שָׂפָה
3	Anführer / Beamter	שַׂר
4	verbrennen	שׂרף
6	Relativpartikel (= אֲשֶׁר)	·שֶׁ
21	Wasser schöpfen	שׁאב
22	Totenreich	שְׁאוֹל
14	fragen	שׁאל
12	Nif: übrig bleiben; Hif: übrig lassen	שׁאר
15	gefangen wegführen	שׁבה
6	Stock / Stamm	שֵׁבֶט
12	Nif: schwören	שׁבע
6	sieben (= 7)	שֶׁבַע
10	zerbrechen	שׁבר
4	ruhen	שׁבת
5	umkehren / noch einmal tun	שׁוּב
20	Geschick wenden	שׁוּב שְׁבוּת
7	schlachten	שׁחט
20	Rind	שׁוֹר
16	Lied	שִׁיר
16	liegen / sich legen	שׁכב
18	vergessen	שׁכח
21	Hif: s. früh aufmachen / früh tun	שׁכם
21	Nacken / Schulter	שְׁכֶם
19	sich aufhalten; Pi: wohnen lassen	שׁכן
13	Wohlergehen / Glück / Frieden	שָׁלוֹם
3	schicken	שׁלח
12	Pi: entlassen	שִׁלַּח
15	Hif: werfen	שׁלך
3	drei	שָׁלֹשׁ
4	dort	שָׁם
2	Name	שֵׁם
12	Hif: ausrotten	שׁמד
0	Himmel	שָׁמַיִם
6	acht	שְׁמֹנֶה
3	hören	שׁמע
6	hüten / bewahren	שׁמר

2	Sonne	שֶׁמֶשׁ
7	Zahn	שֵׁן
2	Jahr	שָׁנָה
3	zwei (m)	שְׁנַיִם
22	plündern	שׁסס
7	Tor	שַׁעַר
6	richten	שׁפט
11	ausgießen	שׁפך
21	Hif: zu trinken geben	שׁקה
16	Pi: dienen	שׁרת
6	sechs	שֵׁשׁ
9	trinken	שׁתה
14	zwei (f)	שְׁתַּיִם / שְׁתֵּי
7	Mitte	תָּוֶךְ / תּוֹךְ
2	Weisung	תּוֹרָה
20	Flehen	תְּחִנָּה
4	unter / anstelle	תַּחַת
10	beständig	תָּמִיד
20	vollständig / fertig sein	תמם
20	Gebet	תְּפִלָּה
16	fassen	תפשׂ
19	Hoffnung	תִּקְוָה
24	stoßen / schlagen	תקע
6	neun	תֵּשַׁע

Tabellen

Das selbstständige Personalpronomen (KGr § 19 a)

Singular	3 m		הוּא	er
	3 f	(הִוא)	הִיא	sie
	2 m	(אַתְּ)	אַתָּה	du (m)
	2 f	(אַתִּי)	אַתְּ	du (f)
	1 c		אֲנִי / אָנֹכִי	ich
Plural	3 m		הֵם / הֵמָּה	sie (m)
	3 f		הֵנָּה	sie (f)
	2 m		אַתֶּם	ihr (m)
	2 f		אַתֵּן / אַתֵּנָה	ihr (f)
	1 c		אֲנַחְנוּ / נַחְנוּ	wir

Demonstrativpronomen (KGr § 18)

	Singular		Plural	
m	זֶה	„dieser“	אֵלֶּה	„diese“
f	זוֹת	„diese“		

Verwendung

attributiv	הַמָּקוֹם הַזֶּה	„dieser Ort“
	הַמָּקוֹם הַהוּא	„jener Ort“
prädikativ	זֶה הַמָּקוֹם	„dies ist der Ort“

Nomen (KGr § 12 b)

		st abs	Endungen	st cs	Endungen
maskulin	sg	סוּס		סוּס	
	pl	סוּסִים	ִים	סוּסֵי	ֵי
	du	סוּסַיִם	ַיִם	סוּסֵי	ֵי
feminin	sg	סוּסָה	ָה	סוּסַת	ַת
	pl	סוּסוֹת	וֹת	סוּסוֹת	וֹת
	du	סוּסָתַיִם	ָתַיִם	סוּסְתֵי	ְתֵי

Suffixe (KGr § 19 d)

Singular	3 m	סוּסוֹ	הוּ / וֹ
	3 f	סוּסָהּ	ֶהָ / ָהּ
	2 m	סוּסְךָ	ְךָ
	2 f	סוּסֵךְ	ֵךְ
	1 c	סוּסִי	ִי
Plural	3 m	סוּסָם	ֵהֶם / ָם
	3 f	סוּסָן	ֵהָן / ֵהֶן / ָן
	2 m	סוּסְכֶם	ְכֶם
	2 f	סוּסְכֶן	ְכֶן
	1 c	סוּסֵנוּ	ֵנוּ

Suffixe können an Nomen angehängt werden (= Possessivpronomen), an Verben (= Objekt) oder an Präpositionen und Partikel. Werden Suffixe an Nomen im Plural (oder Dual) angehängt, steht vor dem Suffix ein י (m) oder ein וֹתי (f). Vereinfacht könnte man sagen, dass Suffixe an Formen angehängt werden, die dem st cs gleichen.

Sonderformen: סוּסָיו = Nomen m pl + Sf 3 m s

סוּסַי = Nomen m pl + Sf 1 s

Bei Verben ist das Suffix der 1 Sg נִי (statt ִי).

AK und Partizip im Grundstamm (Qal)

	Singular	Afformative	Plural	Afformative
3m	קָטַל		קָטְלוּ	וּ
3f	קָטְלָה	ָה		
2m	קָטַלְתָּ	תָּ	קְטַלְתֶּם	תֶּם
2f	קָטַלְתְּ	תְּ	קְטַלְתֶּן	תֶּן
1c	קָטַלְתִּי	תִּי	קָטַלְנוּ	נוּ

Daneben gibt es vor allem intransitive Verben (also Verben ohne Objekt) nach dem Muster קָטֹן und כָּבֵד.

Bei dem Muster כָּבֵד wird nur die 3ms mit dem Vokal e gebildet, alle anderen Formen gehen wie קָטַל.

Bei dem Muster קָטֹן steht an zweiter Stelle dann ein o, wenn bei קָטַל ein a steht.

Partizip m s st abs aktiv קֹטֵל - כָּבֵד - קָטֹן passiv קָטֻל

PK, Imperative und Infinitive im Grundstamm (Qal)

	Singular	Präformative	Plural	Präformative
3m	יִקְטֹל	יִ	יִקְטְלוּ	יִ ... וּ
3f	תִּקְטֹל	תִּ	תִּקְטֹלְנָה	תִּ ... נָה
2m	תִּקְטֹל	תִּ	תִּקְטְלוּ	תִּ ... וּ
2f	תִּקְטְלִי	תִּ ... ִי	תִּקְטֹלְנָה	תִּ ... נָה
1c	אֶקְטֹל	אֶ	נִקְטֹל	נִ

Daneben gibt es auch PK-Bildungen nach dem Muster יִכְבַּד . Hier erscheint immer dann ein a, wenn bei dem Muster יִקְטֹל ein o steht.

Imperative (= PK 2. Person ohne Präformativ)

m s	קְטֹל	m pl	קִטְלוּ
f s	קִטְלִי	f pl	קְטֹלְנָה

Infinitiv constructus קְטֹל absolutus קָטֹל

Stammesmodifikationen

		Qal	Nif`al	Pi`el	Pu`al	Hitpa`el	Hif`il	Hof`al
AK	3 m s	קָטַל	נִקְטַל	קִטֵל	קֻטַל	הִתְקַטֵל	הִקְטִיל	הָקְטַל
	3 f s	קָטְלָה	נִקְטְלָה	קִטְלָה	קֻטְלָה	הִתְקַטְלָה	הִקְטִילָה	הָקְטְלָה
	2 m s	קָטַלְתָ	נִקְטַלְתָ	קִטַלְתָ	קֻטַלְתָ	הִתְקַטַלְתָ	הִקְטַלְתָ	הָקְטַלְתָ
	2 f s	קָטַלְתְ	נִקְטַלְתְ	קִטַלְתְ	קֻטַלְתְ	הִתְקַטַלְתְ	הִקְטַלְתְ	הָקְטַלְתְ
	1 c s	קָטַלְתִי	נִקְטַלְתִי	קִטַלְתִי	קֻטַלְתִי	הִתְקַטַלְתִי	הִקְטַלְתִי	הָקְטַלְתִי
	3 c pl	קָטְלוּ	נִקְטְלוּ	קִטְלוּ	קֻטְלוּ	הִתְקַטְלוּ	הִקְטִילוּ	הָקְטְלוּ
	2 m pl	קְטַלְתֶם	נִקְטַלְתֶם	קִטַלְתֶם	קֻטַלְתֶם	הִתְקַטַלְתֶם	הִקְטַלְתֶם	הָקְטַלְתֶם
	2 f pl	קְטַלְתֶן	נִקְטַלְתֶן	קִטַלְתֶן	קֻטַלְתֶן	הִתְקַטַלְתֶן	הִקְטַלְתֶן	הָקְטַלְתֶן
	1 c pl	קָטַלְנוּ	נִקְטַלְנוּ	קִטַלְנוּ	קֻטַלְנוּ	הִתְקַטַלְנוּ	הִקְטַלְנוּ	הָקְטַלְנוּ
PK	3 m s	יִקְטֹל	יִקָטֵל	יְקַטֵל	יְקֻטַל	יִתְקַטֵל	יַקְטִיל	יָקְטַל
	3 f s	תִקְטֹל	תִקָטֵל	תְקַטֵל	תְקֻטַל	תִתְקַטֵל	תַקְטִיל	תָקְטַל
	2 m s	תִקְטֹל	תִקָטֵל	תְקַטֵל	תְקֻטַל	תִתְקַטֵל	תַקְטִיל	תָקְטַל
	2 f s	תִקְטְלִי	תִקָטְלִי	תְקַטְלִי	תְקֻטְלִי	תִתְקַטְלִי	תַקְטִילִי	תָקְטְלִי
	1 c s	אֶקְטֹל	אֶקָטֵל	אֲקַטֵל	אֲקֻטַל	אֶתְקַטֵל	אַקְטִיל	אָקְטַל
	3 m pl	יִקְטְלוּ	יִקָטְלוּ	יְקַטְלוּ	יְקֻטְלוּ	יִתְקַטְלוּ	יַקְטִילוּ	יָקְטְלוּ
	3 f pl	תִקְטֹלְנָה	תִקָטֵלְנָה	תְקַטֵלְנָה	תְקֻטַלְנָה	תִתְקַטֵלְנָה	תַקְטֵלְנָה	תָקְטַלְנָה
	2 m pl	תִקְטְלוּ	תִקָטְלוּ	תְקַטְלוּ	תְקֻטְלוּ	תִתְקַטְלוּ	תַקְטִילוּ	תָקְטְלוּ
	2 f pl	תִקְטֹלְנָה	תִקָטֵלְנָה	תְקַטֵלְנָה	תְקֻטַלְנָה	תִתְקַטֵלְנָה	תַקְטֵלְנָה	תָקְטַלְנָה
	1 c pl	נִקְטֹל	נִקָטֵל	נְקַטֵל	נְקֻטַל	נִתְקַטֵל	נַקְטִיל	נָקְטַל

		Qal	Nif`al	Pi`el	Pu`al	Hitpa`el	Hif`il	Hof`al
Imp.	m s	קְטֹל	הִקָּטֵל	קַטֵּל		הִתְקַטֵּל	הַקְטֵל	
	f s	קִטְלִי	הִקָּטְלִי	קַטְּלִי		הִתְקַטְּלִי	הַקְטִ֫ילִי	
	m pl	קִטְלוּ	הִקָּטְלוּ	קַטְּלוּ		הִתְקַטְּלוּ	הַקְטִ֫ילוּ	
	f pl	קְטֹ֫לְנָה	הִקָּטֵ֫לְנָה	קַטֵּ֫לְנָה		הִתְקַטֵּ֫לְנָה	הַקְטֵ֫לְנָה	
Inf.	cs	קְטֹל	הִקָּטֵל	קַטֵּל		הִתְקַטֵּל	הַקְטִיל	
	abs	קָטוֹל	נִקְטֹל הִקָּטֹל	קַטֹּל קַטֵּל	קֻטֹּל	הִתְקַטֵּל	הַקְטֵל	הָקְטֵל
Partizip		קֹטֵל (p) קָטוּל	נִקְטָל	מְקַטֵּל	מְקֻטָּל	מִתְקַטֵּל	מַקְטִיל	מָקְטָל

Schwache Verben

Verbklasse פ״א – Beispiel: אמר (KGr § 42)							
	Qal	Nif`al	Pi`el	Pu`al	Hitpa`el	Hif`il	Hof`al
AK 3 m s							
PK 3 m s	יֹאמַר						
Besonderheiten: Außer im PK Qal werden diese Verben wie Verben mit Guttural an 1. Stelle behandelt. In der 1 sg PK Qal fällt das א der Wurzel aus. Einzig schwach gebildeter Infinitiv: לֵאמֹר							

Verbklasse פ״נ – Beispiel: נגשׁ (KGr § 43)							
	Qal	Nif`al	Pi`el	Pu`al	Hitpa`el	Hif`il	Hof`al
AK 3 m s		נִגַּשׁ				הִגִּישׁ	הֻגַּשׁ
PK 3 m s	יִגַּשׁ					יַגִּישׁ	יֻגַּשׁ
Besonderheiten: Im Qal schwache Imperative und Infinitive bei Verben auf a: גַּשׁ (Imperativ) und גֶּ֫שֶׁת (Infinitiv). לקח wird wie פ״נ gebildet. Sonderformen bei נתן → KGr § 43 g.							

Verbklasse ו״פ – Beispiel: ישׁב / ירא (KGr § 45)

	Qal	Nif`al	Pi`el	Pu`al	Hitpa`el	Hif`il	Hof`al
AK 3 m s		נוֹשַׁב				הוֹשִׁיב	הוּשַׁב
PK 3 m s	יֵשֵׁב יִירָא	יִוָּשֵׁב				יוֹשִׁיב	יוּשַׁב

Besonderheiten: Die meisten Verben mit י gehören zur Verbklasse ו״פ. 6 Verben dieser Klasse (ישׁב - ירד - ידע - יצא - ילד - הלך(!)) bilden im Qal PK-Formen auf e sowie schwache Imperative und Infinitive: Imperativ: שֵׁב
Infintiv: שֶׁבֶת

Verbklasse י״פ – Beispiel: יטב (KGr § 44)

	Qal	Nif`al	Pi`el	Pu`al	Hitpa`el	Hif`il	Hof`al
AK 3 m s						הֵיטִיב	
PK 3 m s	יִיטַב					יֵיטִיב	

Besonderheiten: Das י der Wurzel kann auch ausfallen.

Es gibt nur sechs echte י״פ-Verben: יטב - ילל - ימן - ינק - יקץ - ישׁן
Alle übrigen Verben mit י gehören zur Verbklasse ו״פ → KGr § 45.

Verbklasse ע״וי – Beispiel: קוּם / שִׂים (KGr § 48)

	Qal	Nif`al	Pi`el	Pu`al	Hitpa`el	Hif`il	Hof`al
AK 3 m s	קָם	נָקוֹם				הֵקִים	הוּקַם
PK 3 m s	יָקוּם יָשִׂים	יִקּוֹם				יָקִים	יוּקַם

Besonderheiten: Die Verbklasse ע״י bildet nur im Qal eigene Formen (sonst wie ע״ו). Die Narrative im Qal heißen וַיָּקָם bzw. וַיָּשֶׂם, im Hif`il וַיָּקֶם.

Anstelle der Dopplungsstämme gibt es die Ersatzstämme Polel, Polal und Hitpolel.

Gelegentlich bilden diese Verbklassen sogenannte aramaisierende Formen, die wie Formen der נ״פ-Verben aussehen (Verdopplung des ersten Konsonanten).

Verbklasse ע״ע – Beispiel: סבב (KGr § 49)							
	Qal	Nif`al	Pi`el	Pu`al	Hitpa`el	Hif`il	Hof`al
AK 3 m s	סַב	נָסַב				הֵסֵב	
PK 3 m s	יָסֹב	יִסַּב				יָסֵב	

Besonderheiten: Im Qal gibt es auch PK-Formen nach dem Muster יִקַּל.
Narrativ Qal: וַיָּ֫סָב; Narrativ Hif`il: וַיָּ֫סֶב

Bei Formen mit Endungen bzw. Suffixen taucht die Verdopplung des zweiten Radikals wieder auf. Ähnlich wie bei der Verbklasse ע״וי gibt es auch hier Ersatzstämme anstelle der Dopplungsstämme.

Verbklasse ל״ה – Beispiel: גלה (KGr § 46)							
	Qal	Nif`al	Pi`el	Pu`al	Hitpa`el	Hif`il	Hof`al
AK 3 m s	גָּלָה	נִגְלָה	גִּלָּה	גֻּלָּה	הִתְגַּלָּה	הִגְלָה	הָגְלָה
PK 3 m s	יִגְלֶה	יִגָּלֶה	יְגַלֶּה	יְגֻלֶּה	יִתְגַּלֶּה	יַגְלֶה	יָגְלֶה

Besonderheiten: Existenz von Kurzformen (vgl. Lektion 17). Die Stammesmerkmale bleiben erhalten. Vokalische Afformative: Ausfall des ה, Konsonantische Afformative: יִ tritt an die Stelle von ה. Partizipien wie Nomen ל״ה.

Imperativ m s mit der Endung ֵה ; Infintiv mit der Endung וֹת.